大学受験　スーパーゼミ

全解説

文法・語法・イディオム・会話表現の総仕上げ

実力判定 **英文法ファイナル問題集**

標準編

河合塾講師
瓜生 豊／篠田重晃

問題編

桐原書店

大学受験 スーパーゼミ

文法・語法・イディオム・会話表現の総仕上げ

全解説

実力判定 英文法ファイナル問題集 標準編

河合塾講師 瓜生 豊／篠田重晃 編著

問題編

桐原書店

問題編の構成と使用法

■問題編の構成

●全10回のテスト形式

原則として各回50題，30〜35分で，緊張感の持続できる分量にしています。

●難易度別配列

Step 表示は各回の難易度を表します。以下のように理解して下さい。

Step 1	絶対に落とせない問題を中心に構成
Step 2	合否が分かれそうな問題を中心に構成
Step 3	差をつけるレベルの難しい問題を含めて構成

●緩やかな範囲別構成

Part 表示は各回の出題範囲を表します。実際の入試問題で「仮定法」と「関係詞」のどちらが出題ポイントかと迷うことはまずありません。また知識をまとめるという観点からも，全出題項目を3つに大きく分けるというのは，極めて実践的かつ効果的なやり方と言えます。Part 表示は，以下のように理解して下さい。

Part 1	動詞とその周辺
	（時制／態／助動詞／仮定法／不定詞／動名詞／分詞／動詞の語法／動詞を含むイディオム）
Part 2	形容詞・副詞・名詞とその周辺
	（形容詞の語法／副詞の語法／比較／形容詞・副詞を含むイディオム／名詞の語法／代名詞の語法／名詞を含むイディオム）
Part 3	関係詞・接続詞・前置詞とその他の重要項目
	（関係詞／接続詞／前置詞と群前置詞／主語と動詞の一致／疑問文と語順／否定・省略・強調／共通語補充）

●各回の構成

第1回：Step 1 Part 1	第2回：Step 1 Part 2	第3回：Step 1 Part 3
第4回：Step 2 Part 1	第5回：Step 2 Part 2	第6回：Step 2 Part 3
第7回：Step 3 Part 1	第8回：Step 3 Part 2	第9回：Step 3 Part 3
第10回：近年急増中の会話問題で構成しています。		

●解答用紙

巻末に各回の問題に合わせた解答用紙をつけています。このまま切り取って使っても結構ですが，何度か繰り返して使う可能性があるなら，コピーを取っておくのがよいでしょう。

■本書の使用法

●学習の進め方

以下の A・B パターンが考えられます。

▶ A　授業や参考書などで一通り文法・語法を学習した人

　　第 1 回から順番に進めて下さい。このやり方が変化があっておもしろいでしょう。

▶ B　文法・語法に自信がない人

　　Part 表示に合わせて進めて下さい。つまり，

|Part 1| 第 1 回→第 4 回→第 7 回

➡ |Part 2| 第 2 回→第 5 回→第 8 回

➡ |Part 3| 第 3 回→第 6 回→第 9 回

　　といった順で学習して下さい。

●問題の解き方

各回の問題に**標準解答時間**を示していますので，これを参考にして進めて下さい。（これは複数の生徒にモニターになってもらい，解答に要した時間を参考にして設定しています）ただし，解答時間が終了したからといって，そこでやめてはいけません。各回の問題を最後までやって，オーバーした場合はメモしておき，後日再度チャレンジしてください。また問題を解く中で，解答に自信のないものはその時点で解答用紙にチェックしておき，正誤のいかんにかかわらず，後で解説をていねいに読んでください。

■問題構成などについて

●文法・語法・イディオムが内容面の 3 本柱

入試におけるいわゆる「文法問題」は，従来の「文法」，「イディオム」，新傾向の「語法」がそれぞれ 3 分の 1 を占めるといった状況にあります。本書は，新傾向の「語法」面に力を入れることによって，バランスのよい構成になっています。

●客観 4 択・正誤指摘・語句整序問題が形式面の 3 本柱

入試問題の大半を占める客観 4 択を中心に，受験生の苦手な正誤指摘問題，語句整序問題を出題形式の 3 本柱とし，各 Part に特徴的な出題形式をからませるという構成をとりました。

●問題英文・選択肢

問題英文や選択肢については英米のネイティブ・スピーカーと協議の上，一部変更したものもあります。また客観型の選択肢は，テキストの統一上，3 択問題・5 択問題などを 4 択問題に変更したものもあります。

もくじ

第1回

1　空所に入れるのに最も適当な語句を，下の ①～④ から一つずつ選びなさい。

☑001　You should avoid (　　) the street here if you are not in a hurry.
　　　① to cross　　　　　　　　② of crossing
　　　③ crossing　　　　　　　　④ that you cross　　　　　　（横浜市立大）

☑002　Would you mind (　　) the room for me?
　　　① air　　　　② cleaning　　　③ to sweep　　　④ cleaned　　（駒澤大）

☑003　He is considering (　　) in Australia next year.
　　　① for studying　　　　　　② studying
　　　③ to study　　　　　　　　④ to have a study　　　　　　（京都産業大）

☑004　Harry (　　) to swim across the river.
　　　① managed　　② finished　　③ succeeded　　④ enabled　　（日本大）

☑005　I hear that Bill and Jane decided (　　).
　　　① getting married　　　　　② marriage
　　　③ marrying　　　　　　　　④ to get married　　　　　　（京都産業大）

☑006　I suppose you remember (　　) while you were staying in Chicago.
　　　① to see me　　② saw me　　③ seeing me　　④ to seeing me　　（立命館大）

☑007　Remember (　　) this letter when you go out.
　　　① mailing　　　　　　　　　② having mailed
　　　③ to have mailed　　　　　　④ to mail　　　　　　　　（愛知学院大）

☑008　His parents should (　　) because his grades are poor.
　　　① force him study　　　　　② let him to study
　　　③ make him study　　　　　　④ have him to study　　　　（立命館大）

☑009　The man was seen (　　) out of the house.
　　　① go　　　　② to go　　　　③ gone　　　　④ went　　（千葉工大）

☑010　How long have you (　　) in bed?
　　　① laid　　　② been lying　　③ lied　　　④ being laying　（東北学院大）

☑011　The flag is (　　) every morning by one of our students.
　　　① rising　　② risen　　③ rose　　④ raised　　（愛知工大）

☑012　I ( ) dinner when the telephone rang.
　　① have been making　　　　② have made
　　③ was made　　　　　　　　④ was making　　　　　　　　　　　（千葉商大）

☑013　The royal wedding which took place last week ( ) by millions simul-
　　taneously on TV.
　　① will be seen　　　　　　② was seen
　　③ might be seen　　　　　　④ is seen　　　　　　　　　　　　（聖心女子大）

☑014　I'll call her when I ( ) dinner.
　　① will finish　　　　　　　② am going to finish
　　③ finish　　　　　　　　　④ am finished　　　　　　　　　　（東海大）

☑015　Mr. Kimura ( ) in this street for three years.
　　① has lived　　　　　　　② is living
　　③ lives　　　　　　　　　④ was living　　　　　　　　　　　（千葉商科大）

☑016　He was laughed ( ) all his classmates.
　　① by at　　　　② at　　　　③ at by　　　　④ by　　　　　　（関東学院大）

☑017　England is quite different from what it ( ) when I visited it thirty years
　　ago.
　　① should be　　　　　　　② ought to be
　　③ used to be　　　　　　　④ would be　　　　　　　　　　　（愛知工業大）

☑018　She's really sweating and shivering! She ( ) have a high fever.
　　① needs to　　　② must　　　③ can't　　　④ is to　　　　　（関西外語大）

☑019　We ( ) go to school tomorrow because it is a holiday.
　　① don't have to　　　　　　② have not
　　③ have to not　　　　　　　④ ought not　　　　　　　　　　（京都産業大）

☑020　If I lost my key, I ( ) able to lock the door.
　　① will not be　　　　　　　② will not have been
　　③ wouldn't be　　　　　　　④ am not　　　　　　　　　　　（関西学院大）

☑021　My father is considering which one ( ).
　　① buy　　　　　　　　　　② buying
　　③ to buy　　　　　　　　　④ to buying　　　　　　　　　　　（京都産業大）

☑022　I woke up ( ) on the bench.
　　① and found my lying　　　② to find myself lying
　　③ and found me to lie　　　④ to find lying　　　　　　　　　（関西外語大）

☐023 He asked (　) anyone what had happened.
　　① to me not tell　　　　② me to not tell
　　③ not to tell me　　　　④ me not to tell　　　　　　　　　（拓殖大）

☐024 It's nice (　) you to come and see me.
　　① at　　　② of　　　③ on　　　④ to　　　　　　　　（千葉商科大）

☐025 Is this the road (　) to the Civic Center?
　　① lead　　② led　　③ to be led　　④ leading　　　　　（京都学園大）

☐026 If poisons like DDT (　) to control insects, there will be serious environ-mental damage.
　　① are used　　② is used　　③ use　　④ used　　　　　　（明治大）

② 次の各文の下線部に最も近い意味を持つ語句を，下の ①〜④ から一つずつ選びなさい。

☐027 I hope he'll stop trying to criticize everything I do.
　　① make a fuss over　　　　② make fun of
　　③ play a trick on　　　　　④ find fault with　　　　　　（亜細亜大）

☐028 The job calls for great care and practice.
　　① adopts　　② inspires　　③ greets　　④ demands　　（東京国際大）

☐029 He is respected as a great statesman.
　　① looked for　　　　② looking up to
　　③ looking forward to　　④ looked up to　　　　　　　（流通経済大）

☐030 The people living near the construction site will have to put up with the noise for another five years.
　　① enjoy　　② adopt　　③ comprehend　　④ tolerate　　（東海大）

☐031 Some scientists doubt this evidence, and so the debate goes on.
　　① stops　　② remains　　③ continues　　④ completes　　（青山学院大）

☐032 This does not explain her absence.
　　① point out　　② take on　　③ account for　　④ turn over　　（千葉工大）

☐033 The outdoor concert will have to be put off because of the approaching typhoon.
　　① cancelled　　② postponed　　③ planned　　④ organized　　（東海大）

☐034 In mathematics the symbol 'X' stands for an unknown quantity.
　　① solves　　② supports　　③ represents　　④ allows　　（愛知学院大）

③ 以下の英文の下線部には誤っている箇所がそれぞれ一つずつあります。その番号を指摘しなさい。

☑035 ①Could you ②please stop ③to make so ④much noise? （駿河台大）

☑036 ①How did she ②become ③to be invited ④to the party? （学習院大）

☑037 James was a very ①considerate boy ②and ③obeyed to his parents ④all the time. （青山学院大）

☑038 Don't forget ①slowing down a little ②when you turn. You ③almost ④ran over a black cat. （早稲田大）

☑039 The music for the opera, which ①will perform next month, ②has been written by ③one of the students ④in the music department. （昭和女子大）

☑040 If you ①had crossed the street a minute ②earlier, you ③would be ④run over by that car. （昭和女子大）

④ 次の日本文の意味になるように（ ）内の語または語句を並べかえて英文を完成しなさい。

☑041 母が病気なので私はその会合に出席できなかったのです。
(attending / from / illness / me / meeting / mother's / my / prevented / the). （明星大）

☑042 交通渋滞のために朝の授業に遅れた。
The traffic jam caused (be / for / late / to / us) the morning classes. （龍谷大）

☑043 事態がよくならないことは明白だ。
It is (going to / improve / is / not / obvious / that / the situation). （大阪国際大）

☑044 田舎に住むことは，大変たのしい。
It's (a / great / in / live / pleasure / to / the country). （東北学院大）

☑045 日照時間を最大限に利用するため，アメリカでは夏時間を採用しています。
In (to / full / of / order / use / the / make / hours) of daylight, they employ daylight saving time in America. （獨協大）

☑046 このような偉大な人はいくら尊敬してもしすぎることはない。
We cannot (a / great / man / respect / too / such) much. （東北学院大）

☑047　彼女のことを考えまいとしても無理だった。

It (impossible / was / not / me / to / for) think of her.　　　　　（関西学院大）

☑048　彼らは彼の時計を奪って逃げた。

They (him / his / of / robbed / watch) and ran away.　　　　　（亜細亜大）

☑049　彼のふるまいを見て私たちはどっと笑いに包まれた。

His behavior (laughing / made / out / us / burst).　　　　　（京都女子大）

☑050　これは子どもが見るのに良いテレビ番組です。

(good / see / is / for / TV program / this / a / to / children).　　　　　（名城大）

第2回

1 空所に入れるのに最も適当な語句を，下の ①～④ から一つずつ選びなさい。

☑051　I've heard so (　　) news about the scandal that I'm sick of it.
　　　　① few　　　　② little　　　　③ many　　　　④ much　　　　（センター試験）

☑052　Although he had quite (　　) ribs broken, there didn't seem to be any internal damage.
　　　　① direct　　　　② a few　　　　③ very　　　　④ indeed　　　　（桜美林大）

☑053　We found a (　　) number of mistakes in his paper.
　　　　① large　　　　② much　　　　③ many　　　　④ lot　　　　（東京家政大）

☑054　After a lot of practice he was (　　) to understand spoken English.
　　　　① able　　　　② easy　　　　③ good　　　　④ possible　　　　（センター試験）

☑055　It is not (　　) to get over the difficulties of learning a new language if you have the right attitude.
　　　　① incapable　　　② impossible　　　③ unable　　　④ enable　　　（昭和女子大）

☑056　I never expected cruelty from him.　I never thought he was (　　) of doing something so cruel and perverse.
　　　　① capable　　　② regrettable　　　③ passable　　　④ brave　　　（近畿大）

☑057　I'm hungry, but it isn't lunchtime (　　).
　　　　① already　　　　② either　　　　③ still　　　　④ yet　　　　（桃山学院大）

☑058　That was the first Japanese food I had (　　) tasted.
　　　　① already　　　　② ever　　　　③ never　　　　④ still　　　　（千葉商科大）

☑059　The population of China is about (　　) that of Japan.
　　　　① ten times as large as　　　　② as large ten times
　　　　③ as ten times large as　　　　④ as ten times as large　　　　（立命館大）

☑060　I was (　　) than frightened.
　　　　① angry　　　　　　　　　　② angrier
　　　　③ more angry　　　　　　　　④ rather angrier　　　　（玉川大）

☑061　I don't want my mother to find out about my boyfriend, (　　) my father.
　　　　① either　　　　② neither　　　　③ not　　　　④ still less　　　　（北海学園大）

☑062 You ought to (　　) than to go to such a dangerous place.
　① have better　　　　　　② know better
　③ make better　　　　　　④ turn better　　　　　　（センター試験）

☑063 He is (　　) for the damage, so he must pay for the repairs.
　① responsible　　　　　　② the origin
　③ the source　　　　　　④ guilty　　　　　　（日本大）

☑064 They are good friends although, of course, they argue (　　).
　① every now and then　　　② for the occasion
　③ from day to day　　　　④ to the occasion　　　（近畿大）

☑065 The teacher gave each child (　　) advice.
　① an　　　　② many　　　　③ one　　　　④ some　　　（千葉商大）

☑066 He kindly made (　　) for a man with an injured leg.
　① room　　　② place　　　③ seat　　　④ position　　　（駒澤大）

☑067 I'll have a cup of coffee and (　　).
　① three toasts　　　　　　② three piece of toasts
　③ three pieces of toast　　　④ three pieces of toasts　　　（拓殖大）

☑068 I guess (　　) of them went home.
　① almost　　② most　　③ mostly　　④ the most　　　（京都精華大）

☑069 "Have you ever seen a panda?" "Yes, I saw (　　) in China last year."
　① that　　　② it　　　③ one　　　④ them　　　（東京電機大）

☑070 I have two watches : one was made in Japan and (　　) in Switzerland.
　① another　　　　　　　② others
　③ the other　　　　　　④ the others　　　（京都学園大）

☑071 Some doctors insist that vitamin C prevents cancer and helps to heal injuries,
　and (　　) believe that it helps to avoid colds.
　① the all doctors　　　　② others
　③ some doctor　　　　　④ another doctor　　　（拓殖大）

☑072 We looked at four cars today.　The first two were too expensive, but (　　)
　ones were reasonably priced.
　① another　　② other　　③ the other　　④ those　　　（京都産業大）

☑073 They have been on bad (　　) ever since the holidays.
　① terms　　② relation　　③ friends　　④ relatives　　　（名城大）

☑074　It pays in the long (　　) to buy goods of high quality.
　　　　① time　　　　② way　　　　③ run　　　　④ future　　　　（日本大）

☑075　This information is very important. You have to give it to him by all (　　).
　　　　① means　　　② terms　　　③ ways　　　④ manners　　　（清泉女子大）

☑076　You should put the medicine bottle out of children's (　　).
　　　　① distance　　② reach　　　③ span　　　④ extent　　　（いわき明星大）

☑077　It was an accident ; the boys didn't break the window on (　　).
　　　　① will　　　　② purpose　　　③ intention　　④ design　　　（京都外語大）

☑078　When you go into a Japanese supermarket or drugstore, you will see lots of foreign goods (　　) sale.
　　　　① at　　　　② by　　　③ in　　　④ on　　　（武蔵大）

② 日本文の意味になるように(　)に適語を入れなさい。

☑079　ジョンのほうが2人のうちでは背が高い。
　　　　John is (　　) taller of the two.　　　（立命館大）

☑080　この庭の造りは僕の好みにぴったりだ。
　　　　The design of this garden is exactly to my (　　).　　　（駒澤大）

☑081　私自身は明日の会議には出席できません。
　　　　I can't attend the meeting tomorrow in (　　).　　　（名古屋大）

☑082　君は食べものにやかましすぎるんだよ。
　　　　You are too (　　) about food.　　　（立命館大）

☑083　今朝雨が降っていたので，タクシーを拾うのに苦労した。
　　　　It was raining this morning, so I had (　　) getting a taxi.　　　（立命館大）

☑084　われわれは煙草を売ることが困難だと思っています。
　　　　We find (　　) difficult to (　　) cigarettes.　　　（駿河台大）

☑085　その飛行機には500人もの乗客が乗っていた。
　　　　On board the plane were (　　) (　　) than 500 passengers.　　　（福島大）

3 以下の英文の下線部には誤っている箇所がそれぞれ一つずつあります。その番号を指摘しなさい。

☑086　Tom is a far ①better fielder ②as any ③other player ④in the team.　（桃山学院大）

☑087　Only a few ①country, ②such as the Netherlands, already ③have computers in ④nearly every school.　（専修大）

☑088　I ①enjoyed the football game ②very much.　It was ③quite ④excited.　（駿河台大）

☑089　There is seemingly ①so little love ②shared in this world.　It is ③not surprised that we ask, ④"Where have all the lovers gone?"　（産能大）

☑090　Yesterday you told me ①one thing and Ben told me ②another.　I don't know ③what to do.　I'm quite ④confusing.　（文教大）

4 次の日本文の意味になるように（　）内の語または語句を並べかえて英文を完成しなさい。

☑091　雨の日がもうしばらく続きそうだ。
Wet weather (more / to / likely / for / is / a / continue / few) days.　（東洋大）

☑092　彼女は自分の名前を書くことさえできない。
(she / her / write / name / much / cannot so / as / own).　（立正大）

☑093　仕事は先延ばしにするほどやりたくなくなるものだ。　〈1 語（句）不要〉
The longer you put off your work, (will / to / the / you / not / less inclined / be) do it.　（工学院大）

☑094　今までに読んだすべての小説の中で，これほど感動したものは他になかった。
Of all the novels I've read so far, (as / has / me / moved / much / no / other / so) this one.　（近畿大）

☑095　僕はバイオリンをひくことにかけては赤ん坊同然だ。
I (play the violin / can no more / a baby / than / can).　（関西大）

☑096　彼はまったく具合の悪いところはない。　〈1 語不要〉
(ill / there / matter / him / with / is / the / nothing).　（東京国際大）

☑097　この本は昨日注文したのとは違います。
(different / from / I / is / one / ordered / the / this book / yesterday).
（梅花女子大）

☑098　たいていの海外日本人学校のカリキュラムは，日本におけるカリキュラムとほぼ同じものである。

Most Japanese schools abroad (in Japan / to / that / similar / offer / a curriculum).　　　　　　　　　　　　　　　　　　　　　　　（文教大）

☑099　彼がそんなことを言うのも無理はない。

(that / should / he / wonder / such / say / things / no / is / it).　　　（摂南大）

☑100　スミス博士の講義は，出席していた人々の心に深い印象を残した。　〈1語(句)不要〉

Dr.　Smith's lecture left (on / theirs / of / a deep impression / present / those / the minds).　　　　　　　　　　　　　　　　　　　　　　　（愛知工大）

第3回 Step 1 Part 3 [101-150]
標準解答時間30分

1 空所に入れるのに最も適当な語句を，下の ①〜④ から一つずつ選びなさい。

☑101 Please have a good vacation. I'll see you (   ) a week.
　　　① by　　　　　② on　　　　　③ in　　　　　④ till　　　　　（京都産業大）

☑102 In Japan most workers are paid (   ) the month.
　　　① at　　　　　② by　　　　　③ on　　　　　④ for　　　　　（活水女子大）

☑103 (   ) Sunday, I'll meet my friend from Australia.
　　　① At　　　　　② In　　　　　③ On　　　　　④ For　　　　　（東海大）

☑104 If we take a taxi, we'll get home (   ) 8 p.m.
　　　① by　　　　　② for　　　　　③ in　　　　　④ until　　　　　（いわき明星大）

☑105 I'll leave Tokyo for Honolulu (   ) Friday evening.
　　　① till　　　　　② at　　　　　③ in　　　　　④ on　　　　　（拓殖大）

☑106 The controversy over the construction of the new power plant is now at its height. Are you (   ) or against the plan?
　　　① for　　　　　② with　　　　　③ in　　　　　④ to　　　　　（神戸松蔭女子学院大）

☑107 I was asked to write my name (   ) ink.
　　　① by　　　　　② in　　　　　③ on　　　　　④ at　　　　　（中部大）

☑108 Mathematics (   ) very difficult for me.
　　　① are　　　　　② have been　　　　　③ were　　　　　④ is　　　　　（拓殖大）

☑109 He is a person (   ) really likes to eat.
　　　① who　　　　　② what　　　　　③ whom　　　　　④ which　　　　　（拓殖大）

☑110 She is a famous singer (   ) songs many people sing.
　　　① who　　　　　② whose　　　　　③ whom　　　　　④ that　　　　　（東海大）

☑111 I ate too much, (   ) was a big mistake.
　　　① it　　　　　② that　　　　　③ this　　　　　④ which　　　　　（千葉商科大）

☑112 I will do (   ) I can for you.
　　　① which　　　　　② how　　　　　③ what　　　　　④ that　　　　　（関西外語大）

☑113　The trouble is (　　) I have no money with me.
　　① what　　　② that　　　③ whether　　　④ unless　　　（京都学園大）

☑114　Replace the desks as they were, (　　) the teacher will get angry.
　　① and　　　② or　　　③ before　　　④ if　　　（和洋女子大）

☑115　Many embarrassing situations occur (　　) people live in a different culture.
　　① that　　　② what　　　③ when　　　④ which　　　（専修大）

☑116　In everything — learning a foreign language or driving a car — it is necessary to practice (　　) you can do it automatically.
　　① until　　　② when　　　③ if　　　④ because　　　（愛知学院大）

☑117　(　　) the eye could reach, the fields were covered with snow.
　　① So long as　　② So much as　　③ As far as　　④ As long as　　　（城西大）

☑118　(　　) I know the money is safe, I will not worry about it.
　　① Even though　　　　　② Unless
　　③ As long as　　　　　④ However　　　（東京経済大）

☑119　They played soccer (　　) the rain.
　　① although　　② but　　　③ instead　　　④ in spite of　　　（駿河台大）

☑120　(　　) the new subway construction, buses are always late.
　　① Because of　　　　　② Even though
　　③ When　　　　　　④ While　　　（南山大）

☑121　Thanks (　　) your advice, we were safe.
　　① against　　② by　　　③ on　　　④ to　　　（中部大）

☑122　He kept his eyes open with a (　　) to getting any information which might be to his benefit.
　　① purpose　　② aim　　　③ view　　　④ thought　　　（北海学園大）

☑123　You don't understand him, and I don't (　　).
　　① too　　　② either　　　③ neither　　　④ also　　　（和洋女子大）

☑124　"Have a cup of tea, (　　)?" "Yes, please."
　　① do you　　② don't you　　③ won't you　　④ wouldn't you　　　（成蹊大）

☑125　Let's eat out tonight, (　　) we?
　　① can't　　　② shall　　　③ won't　　　④ will　　　（拓殖大）

☑126　(　　) the ice age that the saber-toothed tiger became extinct.
　　　① It was while　　　　　　② It was during
　　　③ While there was　　　　④ When　　　　　　　　　　　　　（千葉大）

☑127　Robert is a good scholar, and, (　　), a good teacher.
　　　① what not　　　　　　　② still less
　　　③ what is more　　　　　④ that is　　　　　　　　　　　　（同志社大）

② 次の2つの英文がほぼ同じ意味になるように，（　）に適語を入れなさい。

☑128　(a) While he was absent, his wife was in charge of the business.
　　　(b) (　　) his absence, his wife was in charge of the business.　　（中京大）

☑129　(a) Though he is very rich, he is not happy.
　　　(b) For (　　) his riches, he is unhappy.　　　　　　　　　　（福井工大）

☑130　(a) I never expected to see my old girlfriend in London.
　　　(b) My old girlfriend was the (　　) person I expected to see in London.
　　　　　　　　　　　　　　　　　　　　　　　　　　　　　　　　（津田塾大）

☑131　(a) As soon as I opened the door, the phone started to ring.
　　　(b) Scarcely (　　) I opened the door when the phone started to ring.　（城西大）

☑132　(a) She did it for her own sake, not for yours.
　　　(b) She did (　　) do it for your sake, (　　) for her own.　　（静岡理工大）

③ 以下の英文の下線部には誤っている箇所がそれぞれ一つずつあります。その番号を指摘しなさい。

☑133　He looked ①very ②funny that I ③couldn't ④help laughing.　　（獨協大）

☑134　I ①wonder ②what kind of books ③are they interested ④in.　　（駿河台大）

☑135　Two ①players from the Dodgers ②has been chosen ③to play ④in the All Star
　　　Game.　　　　　　　　　　　　　　　　　　　　　　　　　（駿河台大）

☑136　It was ①him who ②came running ③into the room ④in such a hurry.
　　　　　　　　　　　　　　　　　　　　　　　　　　　　　　（大阪学院大）

④　次の英文の(　)に共通して入る語を下の①～④から選びなさい。

☑137　(a) They sell eggs (　　) the dozen.
　　　　(b) John is older than his sister (　　) three years.
　　　　① in　　　　② beyond　　　③ at　　　　④ by　　　　（神戸学院大）

☑138　(a) Big (　　) the United States is, travelers soon realize it is almost empty, at
　　　　　　least of people.
　　　　(b) He has done the job well, (　　) can be proved by the records.
　　　　① as　　　　② for　　　　③ that　　　　④ which　　　　（日本大）

☑139　(a) No (　　) she didn't answer your question.
　　　　(b) I (　　) if you are free this evening.
　　　　① wonder　　② matter　　　③ surprise　　④ mind　　　（拓殖大）

☑140　(a) I was just thinking in (　　) of a small party.
　　　　(b) Under the (　　) of the agreement, Hong Kong went back to China in 1997.
　　　　(c) He had been on bad (　　) with his father for years.
　　　　① terms　　　② conditions　　③ times　　　④ relations　　（大阪産業大）

⑤　次の日本文の意味になるように(　)内の語または語句を並べかえて英文を完成しなさい。

☑141　トラと猫には多くの類似点があります。
　　　　(lots of / between / there / similarities / and / tigers / are) cats.　　（関西外語大）

☑142　あなたはそのお金を車を買うのに使わないで，借金を返すために使うべきだった。
　　　　You should have used the money for paying (a car / buying / of / debts /
　　　　instead / your).　　　　（亜細亜大）

☑143　同じ言葉を話すからといって，まったく同じように話すわけではない。
　　　　Speakers (do / it / not / of / the same / always / speak / in / language) the
　　　　same way.　　　　（武庫川女子大）

☑144　あの歌を聞くと必ず高校時代を思い出す。
　　　　I (that / hear / never / remembering / song / without) my high school days.
　　　　（関西学院大）

☑145　海から吹く風はきもちがいい。
　　　　The wind (is / the / pleasant / which / from / blows / sea).　　（名古屋経済大）

☑146　そのことを熟知していない者は発言を慎んでもらいたい。
　　　　(about it / those / their tongue / who / should / little / know / hold).
　　　　（龍谷大）

☑147　次の世紀がどのようなものになるか想像できますか。
　　　Can you imagine (the coming / what / like / will / century / be)？（流通経済大）

☑148　どうしてあの先生にそんな嘘をついたのですか。　〈1語(句)不要〉
　　　(a / you / lie / such / tell / made / why / to / what / the teacher)？（名城大）

☑149　わたしがこれから話すことをはたして君に信じてもらえるかな。　〈1語(句)不要〉
　　　(I'm going to say / you'll believe / I doubt / which / what / whether).

（電気通信大）

☑150　彼女の風邪はすぐには治らないだろう。
　　　It will be (before / gets / she / some / time) over her cold.　（亜細亜大）

第4回

1 空所に入れるのに最も適当な語句を，下の ①～④ から一つずつ選びなさい。

☑151　The soup (　　), but it is expensive.
　　　　① drinks fine　② tastes good　③ tastes well　④ drinks good　　　（獨協大）

☑152　The music (　　) wonderful at the concert.
　　　　① sounded　　② heard　　　③ was heard　　④ was listened to　（愛知工大）

☑153　I'll (　　) you back as soon as he comes home.
　　　　① have him call　　　　　② have him to call
　　　　③ get him call　　　　　　④ let him to call　　　　　（桃山学院大）

☑154　I'm tired. I wish I could get someone (　　) me home.
　　　　① drive　　　② to drive　　③ driven　　　④ drove　　　（獨協大）

☑155　I must get the curtains (　　) as soon as possible.
　　　　① wash　　　② washed　　③ to wash　　④ washes　　（九州産業大）

☑156　I shall (　　) you badly if you are going away.
　　　　① find　　　② miss　　　③ observe　　④ search　　　（早稲田大）

☑157　We should (　　) right now about what to do and where to go.
　　　　① mention　　② talk　　　③ tell　　　④ discuss　　（福井工大）

☑158　Taro (　　) he would be absent from school next week.
　　　　① told　　　② was telling　③ said　　　④ says　　（大阪経済大）

☑159　Won't you (　　) the children a story before they go to bed?
　　　　① explain　　② tell　　　③ speak　　④ say　　　（上智大）

☑160　She found a dress that (　　) her in Harrods.
　　　　① matched　　② suited　　③ designed　　④ liked　　（立教大）

☑161　The teacher caught the student (　　) in class.
　　　　① sleeping　　② slept　　③ sleep　　④ to sleep　　（福井工大）

☑162　I am looking forward (　　) you again.
　　　　① to see　　　　　　　② to have seen
　　　　③ to seeing　　　　　④ to be seeing　　　　　　（札幌大）

☑163 The food Mother is cooking in the kitchen (　　) delicious.
① is smelling　② smelled　③ smells　④ was smelling　（京都産業大）

☑164 Ms. Smith (　　) home just now.
① came
② had come
③ has come
④ will come　（東北学院大）

☑165 By the end of next year, I (　　) here for thirty years.
① will be lived
② will have lived
③ have lived
④ could live　（拓殖大）

☑166 I will lend you the book when I (　　) with it.
① shall do
② should do
③ have done
④ shall have done　（関西大）

☑167 John (　　) have said so, because he told me quite the opposite thing only a few days ago.
① can't　② need not　③ ought to　④ might　（西南学院大）

☑168 If you had not eaten so much, you (　　) so sleepy now.
① will be
② would have been
③ would not be
④ will not have been　（神戸学院大）

☑169 (　　), I'd have told you about it.
① Had I known that
② Should I know that
③ Would I have known that
④ Had I been known that　（関西学院大）

☑170 It's eleven o'clock. It's time you children (　　) in bed.
① go　② is　③ went　④ were　（千葉商科大）

☑171 "He's a good skier, isn't he?" "Yes, he really is. I wish I (　　) like him."
① can ski　② could ski　③ ski　④ will ski　（センター試験）

☑172 If it had not (　　) for your help, I could not have done it.
① happened　② had　③ been　④ gained　（関西大）

☑173 He is said (　　) a fortune in gambling in the past.
① to lose　② he lost　③ losing　④ to have lost　（横浜市立大）

☑174 My mother complains about (　　) too lazy.
① me to be　② my being　③ I am　④ I being　（横浜市立大）

☑175 I was used to (　　) when I was a student.
① studying　② study　③ studied　④ not study　（拓殖大）

☑176　He apologized for keeping her (　　) so long.
　　① waited　　　　　　　　② wait
　　③ waiting　　　　　　　　④ to wait　　　　　　　（ノートルダム清心女子大）

☑177　Jane was almost asleep when she heard her name (　　).
　　① called　　　② call　　　③ calling　　　④ calls　　　（神田外語大）

☑178　(　　) off our shoes, we crept cautiously along the passage.
　　① Take　　　② To take　　　③ Taken　　　④ Taking　　　（関西外語大）

☑179　(　　) from the students' side, the teacher's arguments made no sense.
　　① Having viewed　　　　　② To be viewed
　　③ Viewed　　　　　　　　④ Viewing　　　　　　　（慶應義塾大）

② 　次の各文の下線部に最も近い意味を持つ語句を，下の ①〜④ から一つずつ選びなさい。

☑180　They want to do away with smoking in the office.
　　① put aside　　　　　　　② put an end to
　　③ oppress　　　　　　　　④ punish　　　　　　　（駒澤大）

☑181　When he was in Tokyo he dropped in on his old friend.
　　① got in contact with　　　② met
　　③ called　　　　　　　　④ visited　　　　　　　（獨協大）

☑182　He decided to get rid of all the magazines in his room.
　　① tear　　　② classify　　　③ submit　　　④ discard　　　（立命館大）

☑183　This failure has been brought about by your own carelessness.
　　① born　　　② caused　　　③ influenced　　　④ grown　　　（西南学院大）

☑184　She has gone through a great deal since we last met.
　　① experienced　② exited　　　③ explained　　　④ extracted　　　（西南学院大）

☑185　He speaks so fast that I can't take in what he says.
　　① comprehend　② consider　　　③ believe　　　④ study　　　（駒澤大）

③ 　以下の英文の下線部には誤っている箇所がそれぞれ一つずつあります。その番号を指摘しなさい。

☑186　We ①discussed about the problem ②until a ③solution ④was found. （清泉女子大）

☑187　Please explain ①me ②why you ③failed ④to come yesterday. 　（京都教育大）

☑188　This pen I ①borrowed from you ②won't write ; it ③can have ④run out of ink.
（獨協大）

☑189　I ①had my hat ②ruin when it ③suddenly started ④raining.　（昭和女子大）

☑190　She couldn't ①make herself ②hear ③above the noise of ④the traffic. （流通経済大）

④　次の日本文の意味になるように（　）内の語または語句を並べかえて英文を完成しなさい。

☑191　そのことで田中氏と議論してもむだだ。
(is / use / Mr. Tanaka / it / arguing with / no / about it).　（梅花女子大）

☑192　玄関のドアに鍵をかけておかなかったなんて，不注意でしたね。
It (careless / door / front / leave / of / to / the / unlocked / was / you).
（愛媛大）

☑193　彼は急いで教室へ行きましたが，そこには誰もいませんでした。
He hurried to the classroom (that / empty / was / find / to / only / it).
（京都学園大）

☑194　このアパートは彼の家族が住むのに十分な広さです。
This apartment is (for / in / enough / large / family / live / his / to).
（千葉工大）

☑195　彼の答えは申し分ない。
His (answer / be / desired / leaves / nothing / to).　（東北学院大）

☑196　車の窓は開けっ放しにしておかないほうがいいよ。
You (your car / not / better / window / had / leave) open.　（東洋大）

☑197　風呂に入ったとたん電気がみんな消えてしまいました。
I (all the lights / a bath / just begun / had / taking / when) went out.（成城大）

☑198　昨日彼は，家に帰って，テーブルに座っているみんなに会社で新しい地位に就いたことを話した。
Yesterday he came home and told everyone at the table that he had (a / been / company / in / new / offered / position / the).　（摂南大）

☑199　その旅行者たちは荷物を税関で調べられた。〈1語(句)不要〉
The tourists (in customs / searched / were / had / their luggage). （電気通信大）

☑200　気分が悪くなったら新鮮な空気を吸うとよいでしょう。
When you feel sick, (good / of / do / a breath / will / you / fresh air).
（松蔭女子学院大）

第5回

1 空所に入れるのに最も適当な語句を，下の ①〜④ から一つずつ選びなさい。

□201 I thought I had done very well on the final exam, but the results turned out to be very (　).
① to disappoint
② disappoint
③ disappointed
④ disappointing
（神戸松蔭女子学院大）

□202 Andrew was a brilliant mathematician. As the problems got more complicated, he became more (　) about them.
① excitable
② excite
③ excited
④ excitement
（京都産業大）

□203 The professor appeared (　) with the results of the experiment.
① to be satisfying
② to have satisfied
③ having satisfied
④ to be satisfied
（名城大）

□204 "How (　) we are to hear that you passed the examination!"
① pleasing
② pleased
③ pleasingly
④ please
（桃山学院大）

□205 Jill studied very hard, so she was (　) in the examination.
① succeeded
② successive
③ successful
④ success
（武庫川女子大）

□206 "Hello. May I speak to Mr. Sato, please?" "You have the (　) number."
① different
② good
③ wrong
④ large
（駒澤大）

□207 He drank it to the (　) last drop.
① little
② only
③ small
④ very
（神戸女子大）

□208 The Japanese are an (　) people.
① industrious
② industrial
③ industrialized
④ industrializing
（流通科学大）

□209 My friend said that he had seen her a week (　).
① before
② ago
③ since
④ sooner
（立命館大）

□210 "Did Jack come to work on time today?" "No, he came to work (　) again."
① early
② lately
③ late
④ recently
（亜細亜大）

211　If she had been born a century (　　), she might have been a happier person.
① quicker　　② soon　　③ earlier　　④ fast　　（駒澤大）

212　"Everything you cook tastes really good." "Thanks, but I don't think I'm (　) cook as you."
① a good as　　② as a good　　③ as good a　　④ good as a　　（センター試験）

213　I like Mike (　　).
① all better because he is shy　　② none better for his shyness
③ all better for his shyness　　④ all the better because he is shy　　（関西外語大）

214　Though he was poor, he was (　　) happy.
① none the better　　② none the worse
③ none the more　　④ none the less　　（北海学園大）

215　The cloth is inferior (　　) what I ordered.
① than　　② under　　③ to　　④ below　　（関西外語大）

216　Susie is second to (　　) in her music class.
① next　　② one　　③ none　　④ anybody　　（玉川大）

217　"Wow, you bought two suits, did you?" "No, there's a sale and if you buy one suit, you can get another for (　　)."
① all　　② free　　③ good　　④ yourselves　　（センター試験）

218　His reputation as a physician is familiar (　　) us.
① on　　② to　　③ with　　④ for　　（桜美林大）

219　"It's strange that Jane hasn't come yet." "Yes, she hasn't missed a single meeting so (　　)."
① far　　② long　　③ many　　④ much　　（センター試験）

220　I'd like to make (　　) for the express train that leaves for Tokyo at 12 : 30.
① a reservation　　② a promise
③ an appointment　　④ preservation　　（東海大）

221　Be sure to make (　　) before you call on someone.
① an appointment　　② an agreement
③ a promise　　④ a reservation　　（福井工大）

222　Fred and George took (　　) driving the car.
① in turn　　② turns　　③ to a turn　　④ on the turn　　（武庫川女子大）

☑223　Her English is as good as (　　　).
　　①he　　　　②he's　　　　③him　　　　④his　　　　（京都産業大）

☑224　Because he had lost all his money, Mr. Smith had to sell (　　) house.
　　①himself's　　　　　　②his own
　　③own's　　　　　　　　④his that　　　　（京都産業大）

☑225　I visit my aunt in hospital (　　) other day : Monday, Wednesday, and Friday.
　　①all　　　　②each　　　　③every　　　　④one　　　　（大阪国際大）

☑226　(　　) of the three boys got a prize.
　　①Both　　　②Each　　　③Every　　　④Almost　　　（日本工大）

☑227　There are trees on (　　) side of the street.
　　①both　　　②either　　　③other　　　④another　　（四天王寺国際仏教大）

☑228　The boy, left to (　　), began to cry.
　　①alone　　②oneself　　③himself　　④him　　　（関西学院大）

☑229　It made no (　　) to Jim whether he got invited to the party or not.
　　①importance　　　　②difference
　　③agreement　　　　④quarrel　　　（名城大）

② 次の2つの英文がほぼ同じ意味になるように(　)に適語を入れなさい。

☑230　(a) Time is the most precious thing.
　　(b) (　　) is more precious than time.　　　（大谷女子大）

☑231　(a) This device is not so expensive as that one.
　　(b) This device is (　　) expensive than that one.　　　（日本工大）

☑232　(a) My hometown is about half as big as Kamakura.
　　(b) My hometown is about half the (　　) of Kamakura.　　　（立教大）

☑233　(a) He is the best tennis player in Japan.
　　(b) He plays tennis better than (　　) (　　) player in Japan.　　　（法政大）

☑234　(a) I cannot tell what will happen in the future.
　　(b) I have no (　　) what will happen in the future.　　　（横浜市立大）

☑235　(a) This plan can be improved considerably.
　　(b) There is a lot of (　　) for improvement in this plan.　　　（津田塾大）

3　以下の英文の下線部には誤っている箇所がそれぞれ一つずつあります。その番号を指摘しなさい。

☑236　①There are ②plenty of things ③which are worth ④to do.　　　　　　（流通経済大）

☑237　My father ①used to say that ②to know is ③one thing and to teach is ④the other.　　　　　　（流通経済大）

☑238　Jack and Brenda met ①to each other ②for the first time ③while jogging ④in Central Park.　　　　　　（南山大）

☑239　One man ①had gained his social position through study and hard work, ②whereas the ③another man had got ④his through tricks and deceit.　　　（獨協大）

☑240　①Japanese rice ②is more ③expensive than ④American one.　　　　　　（京都教育大）

4　次の日本文の意味になるように（　）内の語または語句を並べかえて英文を完成しなさい。

☑241　提案されたその法案が上院を通過する見込みはほとんどない。　〈1語（句）不要〉
The (chance of / passed / being / proposed / little / bill has / almost) by the Senate.　　　　　　（愛知工大）

☑242　不意を突かれて，私は何と言ってよいのかほとんど分からなかった。　〈1語不要，カンマを1箇所用いる〉
(by / what / taken / I / knew / surprise / seldom / hardly) to say.　　　　　　（名古屋外語大）

☑243　今朝，お母さんの花びんを割ってしまった。気づかれないうちに代わりを買っておけるといいんだけど。
I broke my mother's vase this morning. Hopefully (another / can / before / get / I) she notices.　　　　　　（中京大）

☑244　それは思われているほど難しい問題だとは思いません。
I (as it seems / think / don't / a / it is / so / question / serious).　（関西外語大）

☑245　仕事が人生の目的でないのは，遊びがそうでないのと同じです。　〈1語不足〉
(life / play / object / work / is / is / not / any / the / of / than).　（桜美林大）

☑246　彼らが何をしようとしていたかまったく知らなかった。
(I / ignorant / intended / of / quite / they / was / what) to do.　　　（梅花女子大）

☑247　彼女は体重が増えるのを心配して，ほとんど食べない。
(little / is / weight / of / afraid / she / eats / gaining / and).　　（文化女子大）

☑248 パンを主食にする日本人の数は増えた。

The (Japanese / number / who / live / increased / on / has / bread / of).

（四天王寺国際仏教大）

☑249 夫は仕事帰りによく一杯やる。

My husband often (work / has / drink / a / his / from / way / on / home).

（立命館大）

☑250 そのエレベーターはしばらく前は故障していた。

The (order / out / elevator / was / a little / of) while ago. （東京国際大）

第6回

Step 2 Part 3 [251-300]
標準解答時間35分

1 空所に入れるのに最も適当な語句を，下の ①～④ から一つずつ選びなさい。

☑251 These photographs were taken (　) a very good camera.
　① on　　　　② in　　　　③ by　　　　④ with　　　　（東海大）

☑252 I didn't feel like walking home, so I came home (　) taxi.
　① on　　　　② in　　　　③ by　　　　④ with　　　　（東海大）

☑253 The view from the hill was (　) description.
　① beyond　　② far　　　　③ out of　　　④ over　　　（東京電機大）

☑254 I was the only male (　) the eleven of us.
　① in　　　　② between　　③ among　　　④ around　　（北海学園大）

☑255 I don't like my job. I spend most of my time talking (　) the phone.
　① on　　　　② in　　　　③ at　　　　④ for　　　　（東海大）

☑256 She is in (　) of selling tickets.
　① work　　　② debt　　　③ care　　　④ charge　　（聖学院大）

☑257 I bought this TV set (　) a low price.
　① at　　　　② by　　　　③ in　　　　④ on　　　（京都産業大）

☑258 The boys went to Mt. Akagi in search (　) the hidden Tokugawa treasures.
　① around　　② for　　　　③ of　　　　④ to　　　　（南山大）

☑259 I want to do it for the (　) of creating interest in young people.
　① desire　　② motive　　③ cause　　　④ sake　　（東京家政大）

☑260 I was looking for my little brother (　) I believed was among the crowd.
　① who　　　② whoever　　③ whom　　　④ of whom　　（東海大）

☑261 This is the house in (　) I was born.
　① side　　　② that　　　③ where　　　④ which　　（関東学院大）

☑262 It was the first city (　) during the trip.
　① we stayed in　　　　　② where we stayed in
　③ which we stayed　　　　④ in that we stayed　　（工学院大）

☑263　"Are you going somewhere during the vacation?" "Yes, I've found a nice beach (　) I can enjoy swimming even in February."
① how　　　　② when　　　　③ where　　　　④ which　　　　（センター試験）

☑264　(　) is often the case with Steve, he was absent from class on that day.
① As　　　　② Such　　　　③ Which　　　　④ What　　　　（西南学院大）

☑265　We should not keep dogs (　) we can take good care of them.
① if　　　　② unless　　　　③ when　　　　④ which　　　　（センター試験）

☑266　(　) the rain has stopped, the field will dry out soon.
① Though　　　② While　　　③ Even if　　　④ Now that　　　（昭和女子大）

☑267　I spent all Friday working on my homework (　) I would be free to go hiking the next day.
① so that　　　② unless　　　③ until　　　④ whenever　　　（明海大）

☑268　A : (　) do you like Sendai?
　　　　B : Oh, I like it very much.
① Why　　　② What　　　③ Which　　　④ How　　　　（駒澤大）

☑269　(　) should I take your advice for?
① Why　　　② How　　　③ Where　　　④ What　　　　（和洋女子大）

☑270　(　) helped him?
① Why do you think　　　　② Who do you think
③ How do you think　　　　④ Do you think who　　　　（関西外語大）

☑271　I'm looking forward to visiting Korea this summer, and (　).
① so my sister is　　　　② so is my sister
③ so my sister does　　　　④ so does my sister　　　　（神戸学院大）

☑272　A : I don't like liver at all.
　　　　B : (　).
① Neither do I　　　　② Either don't I
③ I don't neither　　　　④ Nor I don't　　　　（西南学院大）

☑273　Not until a student has mastered algebra (　) to understand the principles of physics.
① he or she can begin　　　　② can he or she begin
③ he or she begins　　　　④ begins　　　　（東海大）

☑274　**A**：Why didn't you come yesterday?
　　　B：But (　　).
　　　① why not　　② so did I　　③ did I come　　④ I did come　　（西南学院大）

☑275　A bad habit, once formed, is by no (　　) easy to get rid of.
　　　① way　　② exception　　③ effort　　④ means　　（聖学院大）

☑276　She never speaks unless (　　) to.
　　　① speak　　② speaking　　③ speaks　　④ spoken　　（東京家政大）

☑277　**A**：What sport do you like best?
　　　B：Do you mean in (　　) of watching or playing?
　　　① case　　② charge　　③ method　　④ terms　　（千葉商大）

2　次の2つの英文がほぼ同じ意味になるように，(　)に入れるのに適切なものを下の①〜④から選びなさい。

☑278　(a) Let's have lunch here, shall we?
　　　(b) (　　) having lunch here?
　　　① Shall we　　② What　　③ How about　　④ Why not　　（亜細亜大）

☑279　(a) Young as he is, he is a man of ability.
　　　(b) (　　) his youth, he is a man of ability.
　　　① Though　　② Without　　③ In spite of　　④ Out of　　（亜細亜大）

☑280　(a) Be sure to come here on time.
　　　(b) (　　) to come here on time.
　　　① Let's　　② Don't care　　③ Never mind　　④ Don't fail　　（大阪産業大）

☑281　(a) He is far from an artist.
　　　(b) He is (　　) but an artist.
　　　① nothing　　② anything　　③ something　　④ everything　　（大阪産業大）

3　次の日本文の意味に合うように(　)に適語を入れなさい。

☑282　何の危険もなければという条件で，彼は来ることに同意した。
　　　He has agreed to come on (　　) that there won't be any danger.　　（駒澤大）

☑283　私が驚いたことに，リンダはジョンと結婚した。
　　　(　　) (　　) surprise, Linda married John.　　（福井工大）

☑284　少しも構いません。
　　　I don't mind in the (　　).　　　　　　　　　　　　　　　（駒澤大）

☑285　落とすといけないので大金は持ち歩きません。
　　　I never carry a large sum of money with me for (　　) of losing it.　　（立命館大）

4　以下の英文の下線部には誤っている箇所がそれぞれ一つずつあります。その番号を指摘しなさい。

☑286　There have been little change in the patient's condition since he was
　　　①　　　　②　　　　　　　　　　　　　　　　　　③　　　　④
　　　moved to the intensive care unit.　　　　　　　　　　　　　　（駿河台大）

☑287　It is apt to get either cloudy nor windy when the cherry blossoms are in
　　　　①　　　　　　②　　　　　③
　　　full bloom.　　　　　　　　　　　　　　　　　　　　　　（千葉工大）
　　　④

☑288　No sooner had I sat down when I found it was time to go.　（学習院大）
　　　　　　①　　　②　　　③　　　　　　　④

☑289　I have to decide whether to accept the job or not until Thursday.
　　　　　①　　　　　　②　　　　　　　③　　　　④
　　　　　　　　　　　　　　　　　　　　　　　　　　　　　　（駿河台大）

☑290　The orchestra will be led by a local conductor whom in my opinion is
　　　　　　　　　①　　　　　　　　　　　②
　　　as good as or even better than those with an international reputation.
　　　③　　　　　　　　　　　　④
　　　　　　　　　　　　　　　　　　　　　　　　　　　　　（関西学院大）

5　次の日本文の意味になるように(　)内の語または語句を並べかえて英文を完成しなさい。

☑291　電話でアメリカ人とときどき間違われるほど妹は英語がうまい。　〈1語(句)不要〉
　　　My sister speaks (she / that / for / English / mistake / so / taken / fluently
　　　/ is sometimes) an American on the telephone.　　　　　　（愛知工業大）

☑292　天気が悪かったのでぼくたちは一日中家にいた。
　　　It was (bad / stayed / such / that / we / weather) home all day.　（帝京大）

☑293　一度覚えてしまえば，自転車に乗るのはそんなにむずかしくありません。
　　　It's not so difficult to (how / once / bicycle / you've / a / ride / learned).
　　　　　　　　　　　　　　　　　　　　　　　　　　　　　（立命館大）

☑294　私は口をぽかんと開けて，彼をじっと見ていた。
　　　I (at / mouth / was / my / staring / wide open / with / him).　　（東洋大）

☑295　この世に戦争がまったくない時代を想像できますか。

Can (a time / free / imagine / is / of / the world / war / when / you)?

（愛媛大）

☑296　カウンセラーができることはせいぜい選択できる方向を示すことぐらいだというのが私の結論だ。

I've come to the conclusion that (a counselor / all / can / choices / do / is / offer).

（成城大）

☑297　彼らの唯一の関心事は，患者をどのようにして治すかということでした。

The only thing (cure / was / to / cared about / how / they) the patients.

（京都学園大）

☑298　きみはこのバッグを置いていったのは誰だと思う？

(do / left / think / this / who / you) bag?

（帝京大）

☑299　なんでも好き勝手にできると思っていたのかも知れないが，そうは問屋がおろさない。

You might have thought you could have your own way, but (way / not / go / the / is / things / that).

（高崎経済大）

☑300　彼が訪ねて来てくれるなんて夢にも思わなかった。

Never (come / see / he / me / dream / and / would / I / did).

（立命館大）

① 空所に入れるのに最も適当な語句を，下の ①〜④ から一つずつ選びなさい。

☑301　I'd like someone (　　) away this rubbish.
① clear　　　② will clear　　③ clears　　④ to clear　　（桃山学院大）

☑302　Could you (　　) me a few moments to answer my question?
① spare　　　② save　　　③ make　　　④ lend　　（文教大）

☑303　Please (　　) this letter to the post office when you leave here.
① bring　　　② take　　　③ fetch　　　④ mail　　（産能大）

☑304　Since the release of Windows 95, books about computers have been (　　) very well.
① purchasing　② sold　　　③ selling　　④ on sale　　（流通科学大）

☑305　The customer demanded that the meat (　　) in his presence.
① be cut　　　② could be cut　③ cut　　　④ might be cut　（明治学院大）

☑306　"What did you do last night?" "Oh, nothing special. I spent most of the evening (　　) TV."
① seeing　　　② to see　　　③ to watch　　④ watching　（センター試験）

☑307　Visitors are (　　) to beware of pickpockets.
① advised　　② informed　　③ said　　　④ advanced　（愛知学院大）

☑308　They accused him (　　) lying in public.
① in　　　　② of　　　　③ for　　　　④ to　　（桜美林大）

☑309　The pictures remind me (　　) the happy days in Cardiff.
① on　　　　② during　　　③ for　　　　④ of　　（桃山学院大）

☑310　I helped (　　) last night.
① my mother's work
② of my mother with her work
③ the work in my mother's place
④ my mother with her work　　（関西外語大）

☑311　I (　　) to him for the error.
① excused　　② apologized　③ pardoned　　④ forgave　　（明治大）

☑312 Tsuyoshi (   ) coins since he was a child.
① is collecting   ② collected
③ was collecting   ④ has been collecting   （流通経済大）

☑313 "Could you join us for dinner tonight?" "If you don't mind, (   ). I've got a toothache."
① I'd like not   ② I'd like to
③ I'd rather do   ④ I'd rather not   （センター試験）

☑314 Tom (   ) this letter several days ago, but he forgot about it.
① should have written   ② should write
③ has to write   ④ has written   （聖心女子大）

☑315 She told him he (   ) it.
① not ought to have done   ② ought to not have done
③ ought not to have done   ④ ought to have not done   （法政大）

☑316 It's not very important. We might (   ) forget about it.
① as much   ② as possibly   ③ as quickly   ④ as well   （センター試験）

☑317 At first Janet did not like raw fish but now she (   ).
① does   ② did   ③ is   ④ has   （名城大）

☑318 (   ) anyone come to see me, tell him I'll be back soon.
① Let   ② Should   ③ To   ④ Whom   （玉川大）

☑319 If (   ) I'd listened to my parents!
① even   ② also   ③ barely   ④ only   （関西外語大）

☑320 The traffic was very heavy ; (   ) Oscar would have been here much sooner.
① however   ② otherwise   ③ although   ④ anyway   （大阪学院大）

☑321 I am not so foolish (   ) every word he says.
① as to believe   ② that believe
③ as believing   ④ believing   （日本大）

☑322 Care, (   ) mention determination, is the key to success in all your studies.
① not to   ② so that   ③ only but   ④ and also   （南山大）

☑323 You've done nothing (   ) complain all day.
① about   ② but   ③ for   ④ else   （桃山学院大）

☑324 No one objected (   ) the mountain.
① climb   ② for climbing   ③ to climb   ④ to climbing   （摂南大）

☑325　The sun (　　), we hurried home.
　　① having set　② setted　③ has set　④ was set　　　（神田外語大）

☑326　On a crowded train you shouldn't sit with your legs (　　).
　　① cross　② to cross　③ crossing　④ crossed　　　（城西大）

2　次の各文の下線部に最も近い意味を持つ語句を，下の ① ～④ から一つずつ選びなさい。

☑327　Every person should avail himself of the opportunity to go to university.
　　① use　② create　③ pay for　④ look for　　　（獨協大）

☑328　Did you make sense of what the professor said?
　　① notice　② remember　③ imagine　④ understand　　　（愛知学院大）

☑329　She made believe not to hear me.
　　① pretended　② managed　③ decided　④ believed　　　（流通経済大）

☑330　Due to illness, the professor called off his classes today.
　　① denied　② dismissed　③ finished early　④ canceled　　　（関西外語大）

☑331　Last month they laid off several hundred workers.
　　① employed　② dismissed　③ secured　④ delegated　　　（青山学院大）

☑332　Could you figure out the last problem on the math test?
　　① count　② solve　③ suppose　④ estimate　　　（青山学院大）

3　次の 2 つの英文がほぼ同じ意味になるように(　)に適語を入れなさい。

☑333　(a) I borrowed 500 dollars from Mr. Smith and have not returned the money.
　　(b) I (　　) Mr. Smith 500 dollars.　　　（横浜市立大）

☑334　(a) He died ten years ago.
　　(b) Ten years (　　) (　　) since he died.　　　（東海女子大）

☑335　(a) Somebody was cleaning the room when I arrived.
　　(b) The room was (　　) (　　) when I arrived.　　　（京都女子大）

☑336　(a) I'm sure you were surprised at the noise.
　　(b) You (　　) (　　) (　　) surprised at the noise.　　　（静岡理工大）

☑337　(a) There is no telling when he will arrive.
　　(b) (　　) is (　　) to tell when he will arrive.　　　（名古屋女子大）

④ 以下の英文の下線部には誤っている箇所がそれぞれ一つずつあります。その番号を指摘しなさい。

☑338 I ①suggest you ②that the meeting ③be ④held next Tuesday. （京都教育大）

☑339 He ①has been studying law and psychology ②with a view to ③become a criminologist since he was ④admitted to law school. （大東文化大）

☑340 Many people say that ①understanding the meaning of ②dreams can help people ③solving ④their emotional problems. （京都橘女子大）

⑤ 次の日本文の意味になるように（　）内の語または語句を並べかえて英文を完成しなさい。

☑341 私の父は植木の手入れにかけては玄人（くろうと）はだしだ。
My father is (comes / it / when / an expert / gardening / to). （流通経済大）

☑342 この薬は，痛みをやわらげるのにはあまり役に立たないようだ。〈1語(句)不要〉
This medicine (the pain / to / useless / seem / help / doesn't / relieve) very much. （福岡大）

☑343 彼は手術により命は助かったが，視力が失われた。
The operation saved (life / but / sight / cost / his / him / it / his). （東洋大）

☑344 私たちは彼を説得してとうとうダンス・パーティーに行かせた。
(going / talked / to / him / dance / into / we / a). （慶應義塾大）

☑345 車を貸していただいてありがとうございました。
(car / you / your / letting / for / thank / use / me). （武庫川女子大）

⑥ 次の英文の意味が通るように（　）内の語または語句を並べかえなさい。

☑346 The computer (us / to / enabled / complicated / solve) mathematical problems. （静岡県立大）

☑347 We (about / leave / to / were / when) it started to rain. （近畿大）

☑348 I would have been (in / your / but / for / real trouble / help). （姫路獨協大）

☑349 The railway accident (it / the train / impossible / for / made) to reach the station on time. （関東学院大）

☑350 Tom offered (them / kept / so long / having / waiting / an apology / for).
（東海大）

1 　空所に入れるのに最も適当な語句を，下の ①〜④ から一つずつ選びなさい。

☑351　She notices hardly (　　) difference in their pronunciation.
　　　①any　　　　　②not　　　　　③few　　　　　④no　　　　　（立命館大）

☑352　The flood has left three people dead and two (　　).
　　　①miss　　　　②missed　　　　③missing　　　④to miss　　　（千葉商科大）

☑353　A lot of air pollution comes from (　　) activity.
　　　①industrious　②agriculture　③industrial　④industry　　　（駒澤大）

☑354　Please take care of these (　　) girls.
　　　①alone　　　　②lonely　　　　③afraid　　　④unable　　　（福岡大）

☑355　She's very upset so we'd better leave her (　　).
　　　①alone　　　　②lone　　　　　③lonely　　　④only　　　　（センター試験）

☑356　Jenny and her sister are so (　　) that they could almost be twins.
　　　①alike　　　　②likeness　　　③likely　　　④the same　　（名古屋女子大）

☑357　We should have a (　　) rule forbidding smoking in public.
　　　①strong　　　②heavy　　　　③strict　　　④straight　　　（愛知学院大）

☑358　(　　) to the movies at seven this evening?
　　　①Is it convenient for you to go
　　　②Are you convenient to go
　　　③Is it convenient of you to go
　　　④Are you convenient of going　　　　　　　　　　　　　　（関西外語大）

☑359　(　　) we must do this and then we must do that.
　　　①At first hand　　　　　②At first sight
　　　③First　　　　　　　　　④For the first time　　　　　　（東北学院大）

☑360　Foreigners in Japan often encounter awkward situations, not so (　　) because
　　　of difficulties with the Japanese language as because of a difference in social
　　　conventions.
　　　①much　　　　②more　　　　③well　　　④less　　　　（東京薬科大）

☑361 Skating and skiing are ( ) the most popular winter sports in Japan.
① by far ② very ③ so ④ so much (京都産業大)

☑362 There are ( ) good records at home than in the library.
① many more ② much more
③ very much ④ even many (愛知工大)

☑363 They placed a lot of trash cans in the park to urge us to keep it ( ) of litter.
① clean ② free ③ no ④ without (関東学院大)

☑364 I am much ( ) to you for your kind advice.
① affected ② appreciated
③ forced ④ obliged (神田外語大)

☑365 Professional football teams such as the Green Bay Packers are ( ) to recruit excellent college athletes.
① apologetic ② eager ③ lonesome ④ steady (武蔵大)

☑366 We received a letter from that company to the ( ) that they could not accept our offer.
① affect ② effect ③ cause ④ point (西南学院大)

☑367 I have no objection ( ) your plan. Please go ahead with it.
① in ② of ③ on ④ to (京都産業大)

☑368 The results of Experiment A are more reliable than ( ) of Experiment B.
① ones ② that ③ these ④ those (センター試験)

☑369 "Is English spoken in Japan?" "Well, ( ) Japanese people don't use English in everyday life."
① almost ② any ③ most ④ none (センター試験)

☑370 ( ) students were there.
① Almost ② Almost all the
③ The most of ④ Most of (関西学院大)

☑371 Due to strong protest by area residents, the new highway will not be completed for ( ) five years.
① after ② another ③ longer ④ more (慶應義塾大)

☑372 He was so hungry that ( ) fit to eat would have tasted good.
① what ② nothing ③ anything ④ something (福岡大)

☑373 The man they saw was (   ) than the President himself.
① none   ② no one   ③ not else   ④ none other   (神田外語大)

☑374 English food, especially served in the popular type of restaurant, is not very tasty, but its quality, from the point of (   ) of nourishment, is quite satisfactory.
① order   ② view   ③ honor   ④ aspect   (立正大)

☑375 You have to keep your car (   ) of the visitors.
① in the way   ② on the way
③ out of the way   ④ under way   (名城大)

☑376 You must make (   ) for his lack of experience, since he has been here for only a month.
① ignorance   ② attention
③ consideration   ④ allowance   (関東学院大)

[2] 次の英文の空所に入れるのに**不適切な語句**を下の ①〜④ から一つずつ選びなさい。

☑377 Carol was (   ) to receive the letter.
① happy   ② pleased   ③ surprised   ④ regrettable   (関西学院大)

☑378 He began to practice judo only (   ).
① recently   ② a week ago   ③ these days   ④ last week   (関西学院大)

☑379 The boy is (   ).
① more shy than timid   ② shier than timid
③ shy rather than timid   ④ not so much shy as timid   (福岡大)

☑380 Are these your books? I'd like to borrow (   ).
① some good ones   ② that one
③ nice one   ④ one on baseball   (福岡大)

☑381 The naughty girl tore (   ) into pieces.
① that dress of hers   ② her all dresses
③ all her dresses   ④ each of her dresses   (福岡大)

☑382 Last week's lecture was (   ).
① a success   ② boring   ③ canceled   ④ interested   (早稲田大)

3 下の ①〜④ の英文から**不適切な文**を一つずつ選びなさい。

☑383　① Anybody didn't know the answer to the question.
　　　② Everyone answered the question correctly.
　　　③ Nobody knew how to answer the question.
　　　④ Someone didn't answer the question.　　　　　　　　（立教大）

☑384　① Things are no better than before.
　　　② The more it is dangerous, the more I like it.
　　　③ She struck him as more beautiful than before.
　　　④ I know what happened as well as if I had been there.　　（中央大）

☑385　① George made it clear that he disagreed.
　　　② I think it important that we should know the truth.
　　　③ I'll leave it to you to think it over.
　　　④ I cannot bear it to see people crying.　　　　　　（中央大）

4 以下の英文の下線部には誤っている箇所がそれぞれ一つずつあります。その番号を指摘しなさい。

☑386　You can make a simple cake by mixing two eggs with ①one-fourth cup of milk. After you have done this, you will need ②some butter but not much, six tablespoons. You will also need ③a few salt but you will need ④a lot of flour.　　（九州産業大）

☑387　①Even though Japan and the United States are separated by ②some 5,000 miles of ocean, the cultural bridge between them is being ③shortened with each ④successful generation.　　（明海大）

☑388　The industrial ①trend ②is in the direction of ③more machines and ④less people.　　（大東文化大）

☑389　There are ①many ways of saying one thing and meaning ②other. Irony and figures of speech are such ③devices, and they are wonderful when ④they work.　　（関西学院大）

☑390　One of the most important ①discovery of the nineteenth century ②was a method of ③using natural gas for cooking and ④heating.　　（九州産業大）

⑤　次の日本文の意味になるように( )内の語または語句を並べかえて英文を完成しなさい。

☑391　百聞は一見にしかず，と考える人もいます。　〈1語不要〉
Some people believe a (worth / words / picture / equal / thousand / is / a).
(福岡大)

☑392　彼はさようならすら言わずに去っていった。
He just left (saying / much / as / without / so) goodbye.
(桜美林大)

☑393　オレゴンはブリティッシュ・コロンビアよりも雨量が多いと思っていたが，キャロラインは反対のことを言った。
I thought that Oregon had a (amount / larger / of / rain / than) British Columbia, but Caroline said the opposite.
(桜美林大)

☑394　あなたが私のためにこれまでしてくださったすべてのことに対して感謝します。
(I / you / me / done / everything / you / grateful / am / to / have / for / for).
(獨協大)

☑395　われわれは周囲の眼をあまりにも意識しすぎるところがある。
We (how / us / people / other / are / see / too / of / far / conscious).
(玉川大)

☑396　自分自身の欠点に気づかない人は他人を非難しがちである。　〈1語(句)不要〉
A man (is / to / too / to criticize / apt / blind / his own faults) others.
(福岡大)

☑397　うわさでは，彼らは，間もなく新たに仕事を見つけそうだ。
(rumor / they / that / find / it / has / new / will) jobs soon.
(名古屋外語大)

☑398　上司は，「二度と仕事に遅れないように気をつけなさい」と私に言った。　〈1語(句)不要〉
My boss said to me, "(you are / that / it / be / to / see / not) late for work again."
(福岡大)

☑399　人の偉大さはその人の地位や権力とは何ら関係がない。　〈3語(句)不要〉
The greatness of a person (do / not / has / with / related / to / nothing / the person's / is) rank or power.
(流通科学大)

☑400　エイズの完全な治療法が来世紀の初めまでには発見される，と言っても過言ではないと思う。
I think it's (a / say / cure / that / exaggeration / AIDS / to / no / for / complete) will be discovered by the beginning of the next century.
(成城大)

第9回　　Step 3　Part 3 ［401-450］

標準解答時間35分

1　空所に入れるのに最も適当な語句を，下の ①〜④ から一つずつ選びなさい。

☑401 We talked about the matter (　　) a cup of coffee.
 ① with ② in ③ over ④ according to （東海大）

☑402 (　　) having inherited plenty of property, she owed a lot of money.
 ① Despite ② In spite ③ So ④ However （駿河台大）

☑403 I happened to be at Shibuya Station yesterday morning. What crowds of people! I've never seen anything (　　) that.
 ① less ② like ③ more ④ than （千葉商大）

☑404 Susan is very thin, (　　) her sister, who is quite heavy.
 ① for ② through ③ unlike ④ with （京都外語大）

☑405 We reconsidered the phenomena (　　) the light of recent research.
 ① in ② by ③ to ④ below （中央大）

☑406 It is (　　) to me to tell her the sad news.
 ① once ② up ③ near ④ now （龍谷大）

☑407 "Do you know David Willis?" "I remember the name but I can't remember (　　)."
 ① what does he look like ② what he looks like
 ③ how he looks like ④ he is looking like （桃山学院大）

☑408 There is little, if (　　), difference between them.
 ① not ② any ③ some ④ ever （岐阜大）

☑409 (　　) your problems are, they are surely less serious than mine.
 ① Whoever ② Whatever ③ However ④ Whenever （関西外語大）

☑410 You may invite (　　) wants to come to our party next week.
 ① however ② whoever ③ whomever ④ whatever （神戸学院大）

☑411 The speed (　　) the computer has developed and spread over the past twenty years is remarkable.
 ① how ② what ③ where ④ with which （大阪経済大）

☑412 Are you doing (　　) right?
 ① what you think is   ② you think which is
 ③ you are all   ④ that you are thinking to be (日本工大)

☑413 I have read many books about Japan, (　　) I shall never forget.
 ① any of that   ② any of which
 ③ some of that   ④ some of which   (明星大)

☑414 The facts of nature are (　　) they are, but we can only view them through the spectacles of our mind.
 ① so   ② which   ③ what   ④ that   (京都外語大)

☑415 The English language is one of the richest languages in the world, and a writer in English has a wide choice of words (　　) to express himself.
 ① which   ② in which   ③ how   ④ where   (同志社大)

☑416 Take along some water with you (　　) you get thirsty.
 ① that   ② in case   ③ so if   ④ except for   (札幌大)

☑417 Men differ from animals (　　) they can think and speak.
 ① how   ② in that   ③ why   ④ in case   (日本大)

☑418 His assertion (　　) the molecule divides into two parts in water is accepted by most scientists.
 ① how   ② what   ③ that   ④ which   (慶應義塾大)

☑419 You can fly to Chicago this evening (　　) you don't mind changing planes in Los Angeles.
 ① except   ② as far as   ③ unless   ④ provided   (亜細亜大)

☑420 I've never seen (　　).
 ① a such beautiful flower   ② so a beautiful flower
 ③ so beautiful a flower   ④ such beautiful a flower   (福岡大)

2　次の2つの英文がほぼ同じ意味になるように(　)に適語を入れなさい。

☑421 (a) He attended the meeting for that reason.
 (b) (　　) is (　　) he was present at the meeting.   (静岡理工大)

☑422 (a) You must study harder, or you won't pass the examination.
 (b) You won't pass the examination (　　) you study harder.   (京都女子大)

☑423　(a) I usually do not ask others for help.
　　　　(b) Seldom (　　) I ask others for help.　　　　　　　　（横浜市立大）

☑424　(a) Ms. Goldstein was wearing a white dress at the party.
　　　　(b) Ms. Goldstein was dressed (　　) (　　) at the party.　　　（横浜市立大）

3　次の日本文の意味になるように（　）に適語を入れなさい。

☑425　時勢に遅れないように，毎日，新聞に目を通し，テレビのニュースも見ることにしています。
　　　　I make it a rule to glance through the newspapers and watch the TV news every day so as not to be (　　) the times.　　　　　　　　（立命館大）

☑426　きみの妹，いったいどうしたのかね。この世のものでない声が聞こえたり天使のまぼろしが見えたりするなんて言ってるけど。
　　　　What on (　　) is wrong with your sister? She says she can hear heavenly voices and see visions of angels.　　　　　　　　（立命館大）

☑427　今度日本に帰って来られるのはずっと先のことでしょう。
　　　　I guess it will be a long time (　　) I can return to Japan.　　　（立命館大）

☑428　わたしはこうして英文法を完全に自分のものにした。
　　　　This is (　　) I (　　) English grammar.　　　　　　　　（京都女子大短大部）

4　以下の英文の下線部には誤っている箇所がそれぞれ一つずつあります。その番号を指摘しなさい。

☑429　John lived ①in New York ②since 1990 to 1994, but he ③is now living ④in Detroit.　　　　　　　　（長崎大）

☑430　①Whomever inspected ②this TV set ③should have put ④his or her identification number on the box.　　　　　　　　（駿河台大）

☑431　Restaurants ①where people smoke, parks ②where people play loud music, and pools ③where are too crowded annoy ④many people.　　　（昭和女子大）

☑432　①This is ②the hottest summer ③when we have had ④in thirty years.　　　　　　　　（札幌学院大）

☑433　You ①can hardly imagine ②how different Tom ③is from ④whom he was five years ago.　　　　　　　　（昭和女子大）

☑434　While you are typing, your elbows should ②be bent about 90 degrees and
　　　　①
　　　　to rest on something when ④not in use.　　　　　　　　　　　　（慶應義塾大）
　　　　③

☑435　I ①am worried ②about your ③mother's health, and ④also is my brother.
　　　　　　　　　　　　　　　　　　　　　　　　　　　　　　　　　　（獨協大）

---

⑤　次の各組の英文の( )に共通して入る適切な語を書きなさい。

☑436　(a) Ever since her father passed away, her mother has (　　) a drugstore to
　　　　　　support her family.
　　　　(b) Don't let the water (　　) too long!　　　　　　　　　　　　（京都女子大）

☑437　(a) The boss said, "If that man makes one more mistake, I'll (　　) him."
　　　　(b) The light from a small (　　) dimly illuminated the room.　　　（立教大）

☑438　(a) The baby was (　　) asleep when I entered the room.
　　　　(b) She was so frightened that she couldn't make a (　　).
　　　　(c) Their complaints (　　) reasonable to me.　　　　　　　　　（実践女子大）

☑439　(a) Nowadays students can (　　) books by computer.
　　　　(b) You should always keep your room in (　　).
　　　　(c) The decision was made in (　　) to prevent war.　　　　　　（実践女子大）

☑440　(a) He was (　　) to none in the speech contest.
　　　　(b) He lost the race by a (　　).
　　　　(c) What is the (　　) largest city in this country?　　　　　　（実践女子大）

---

⑥　次の日本文の意味になるように( )内の語または語句を並べかえて英文を完成しなさい。

☑441　彼はどんなに暑くても背広を着ている。
　　　　He wears a suit, (hot / how / is / it / matter / no).　　　　　　　（中央大）

☑442　こんな暑い日には，冷たいビールが何よりだ。　〈1語不要〉
　　　　On such a hot day, (cold / is / more / beer / like / nothing / there).
　　　　　　　　　　　　　　　　　　　　　　　　　　　　　　　　　（国学院大）

☑443　多くの学生が，会話の能力を高めるために英語を学んでいるという。
　　　　Many students (is / say / they / to improve / studying / the reason / are /
　　　　English) their conversational ability.　　　　　　　　　　　　（武庫川女子大）

☑444　彼女の好きにさせたらいいじゃないですか。
　　　　(as / do / don't / her / let / likes / she / why / you)?　　　　　　（東京理科大）

☑445 会議が終わって初めてコール氏が現れた。

It was (Mr. Cole / not / over / that / the meeting / turned up / until / was).　　　　　　　　　　　　　　　　　　　　　　　（近畿大）

7 意味の通る英文になるように（　）内の語または語句を並べかえなさい。

☑446　He gave her (money / what / had / he / little).　　　　　（西南学院大）

☑447　He has a very large vocabulary. He is (a / called / is / "walking dictionary" / what).　　　　　　　　　　　　　　　　　　　　（センター試験）

☑448　Speech, as a means of communication, is (because / culture is shared / it is the chief way / of major importance / through which) and passed on.
　　　　　　　　　　　　　　　　　　　　　　　　　　（センター試験）

☑449　His nervousness was (by / kept / shown / he / on / the way) dropping things.　　　　　　　　　　　　　　　　　　　　　　　　（近畿大）

☑450　Little (did / know / she / they / trouble / what) was in.　　（日本大）

第10回　会話表現 ［451-475］　標準解答時間15分

■　次の会話を完成させるのに最も適当な語句を，下の ①～④ から一つずつ選びなさい。

☑451　A：I feel terrible today.

　　　　B：(　　　)

　　　　① Why not?　　　　　　　② So are you.

　　　　③ So am I.　　　　　　　④ Oh, that's too bad.　　　　（産能大）

☑452　A：Why don't we have lunch together?

　　　　B：(　　　)

　　　　① Because I'm not hungry.

　　　　② That's a good idea.

　　　　③ No, I don't.

　　　　④ Since we don't have to.　　　　（福井工大）

☑453　A：May I talk to Jane, please?

　　　　B：Sorry, but she isn't here right now.　Can I take a message?

　　　　A：Yes.　Would you ask her to call me back as soon as she comes in?

　　　　B：All right.　Oh, (　　　)

　　　　① who's calling, please?

　　　　② what's her telephone number?

　　　　③ please call her any time.

　　　　④ I'm afraid you've got the wrong number.　　　　（大阪学院大）

☑454　(At a fast-food restaurant)

　　　　A：Good morning.

　　　　B：Good morning.　A cheese sandwich, please.

　　　　A：OK.　(　　　)

　　　　B：Yes, coffee, please.

　　　　① Anything else?　　　　　　② Is that all?

　　　　③ Are you ready to order?　　④ What will you have?　　　　（東海大）

☑455　A：Can you recommend a good dentist in town?

　　　　B：(　　　)

　　　　① You should see a good dentist.

　　　　② Why don't you try Dr. Anderson?

　　　　③ I have never met him.

　　　　④ Don't you have a toothache?　　　　（立命館大）

456　A : I had a great time at the Namie Amuro concert.
　　　B : Did you really?
　　　A : Yes! And thanks for paying for my ticket.
　　　B : (　　)
　　　① You're welcome.　　　　　② You too.
　　　③ Sure, I'd love to.　　　　　④ Did you?　　　　　（産能大）

457　A : Would you do me a favor and keep an eye on this for a couple of minutes?
　　　B : (　　)
　　　① No, I think it's very nice.　　② No, I think it was longer than that.
　　　③ Why? My eyesight is fine.　　④ Sure. Where are you going?　　（中央大）

458　A : I need to find a post office.
　　　B : I saw one the other day. It's not too far from here.
　　　A : Good. Do you mind if we stop there for a few minutes?
　　　B : (　　)
　　　① You are welcome.　　　　　② Yes, I do, too.
　　　③ No, of course not.　　　　　④ You don't mind at all.　　（福井工大）

459　A : Do you mind if I close this window?
　　　B : (　　)
　　　① Yes, of course.　　　　　② No, go ahead.
　　　③ Yes, you're welcome.　　　④ No, please leave it shut.　　（立命館大）

460　A : Could you show me around the area?
　　　B : Yes, with (　　).
　　　① gratitude　　② interest　　③ pleasure　　④ satisfaction　　（千葉商科大）

461　A : May I have your name and telephone number, please?
　　　B : My name is Stella Johnson. My number is 123-4567.
　　　A : Thank you. (　　), please. I'll call you back in a couple of minutes.
　　　B : Oh, thank you.
　　　① Hang up　　　　　　② Hold on
　　　③ Hold the line　　　　④ Put out　　　　　（日本大）

462　A : Why don't we talk about this over coffee?
　　　B : (　　)
　　　① I wouldn't.　　　　　　② Sounds good.
　　　③ Because we don't like tea.　　④ Coffee over there is no good.　　（防衛大）

463　A : I've found a great restaurant for fish. When we have a chance, let's go.
　　　B : Well, (　　) Friday? I'm free in the evening.
　　　① what for　　② what about　　③ how come　　④ how with　　（西南学院大）

☑464　(At a bookshop)

A：Hello. (　　)

B：Yes. I'd like to know if you have a book called *The Age of Reason*.

① May I help you?

② What do you want?

③ Are you being helped?

④ What kind of book do you like?　　　　　　　　　　　　（関西学院大）

☑465　**A**：Nice to meet you, Sam. So, (　　)

B：I'm a university student. How about you?

A：I'm a doctor at the city hospital.

① how are you doing?

② how do you do?

③ what do you do?

④ what do you think of this party?　　　　　　　　　　　（センター試験）

☑466　**A**：May I help you?

B：(　　)

A：Well, if you need help later, please let me know. My name's Mary.

B：Thanks. I'll do that.

① Could you tell me how much this costs?

② Thank you, but I'm just looking.

③ Where is the cafeteria?

④ Yes, please. I'd like to try on this skirt in a size 8.　　（センター試験）

☑467　**A**：Passport please.

B：(　　)

A：Are you here on business or for sightseeing?

B：Business.

① There we are.　　　　　　　　② Nothing to declare.

③ We are here.　　　　　　　　④ Here you are.　　　　　（いわき明星大）

☑468　**A**：I like tea with milk and sugar.

B：(　　), but I don't like coffee with milk and sugar.

① Yes, I do　　② So do I　　③ Neither do I　④ So I do　　（文教大）

☑469　**A**：David Miller?

B：Nancy Dodd! Hey, you haven't changed a bit!

A：(　　)

B：Oh, come on now, I used to have more hair, didn't I?

A：Well, now that you mention it ...

① So have you!　　　　　　　　② Neither I have!

③ Neither have you!　　　　　　④ So I have!　　　　　　（いわき明星大）

☑470　A：We've been working hard so long. Why don't we take a break and have something to drink?

B：Good idea.

A：Would you like coffee or tea?

B：(　　)

① No, I don't care.　　　　② Neither. I'd like some cake.

③ Either will do.　　　　④ Yes, I'd like both.　　　（工学院大）

☑471　(On a train)

A：Excuse me, (　　)

B：Yes, they are. But those seats are free.

① are these seats vacant?　　② are these seats free?

③ are these seats taken?　　④ are these seats ours?　　（東海大）

☑472　A：Do you remember me? I think I met you once when you were traveling in New Zealand.

B：(　　) That must have been five years ago.

① What an excuse!　　　　② Pleased to meet you.

③ You don't say!　　　　④ How did you do it?　　（立命館大）

☑473　A：Are you going to the movie tonight?

B：Yes.

A：(　　)

B：Sure. Shall I pick you up at 7:30?

① Could you give me a ride?

② I'm going with Jill in her car.

③ Call a taxi for me, please.

④ Do you finish work at eight?　　（いわき明星大）

☑474　A：That university must be pretty hard to get into.

B：(　　) You can get in with just average grades.

① Not really.　　② No wonder.　　③ Exactly.　　④ You bet.　　（西南学院大）

☑475　A：Excuse me, but does the next "Hikari" stop at this station?

B：I'm a stranger here myself. I'm afraid I don't know.

A：I see. (　　)

B：I'm sorry I couldn't help you.

① Take it easy.　　　　② You're welcome.

③ That's too bad.　　　　④ Thanks just the same.　　（工学院大）

第1回

解答用紙

☐001	☐002	☐003	☐004
☐005	☐006	☐007	☐008
☐009	☐010	☐011	☐012
☐013	☐014	☐015	☐016
☐017	☐018	☐019	☐020
☐021	☐022	☐023	☐024
☐025	☐026	☐027	☐028
☐029	☐030	☐031	☐032
☐033	☐034	☐035	☐036
☐037	☐038	☐039	☐040

☐041
☐042
☐043
☐044
☐045
☐046
☐047
☐048
☐049
☐050

キ
リ
ト
リ
線

所要時間	分	得点	／100

2点×50問

第2回
解答用紙

□051	□052	□053	□054
□055	□056	□057	□058
□059	□060	□061	□062
□063	□064	□065	□066
□067	□068	□069	□070
□071	□072	□073	□074
□075	□076	□077	□078

□079		□080	
□081		□082	
□083		□084	
□085		□086	□087
□088	□089	□090	

□091
□092
□093
□094
□095
□096
□097
□098
□099
□100

キ
リ
ト
リ
線

所要時間	分	得点	／100

2点×50問

第3回

Step 1 Part 3 [101-150]
標準解答時間30分

解答用紙

☐101	☐102	☐103	☐104
☐105	☐106	☐107	☐108
☐109	☐110	☐111	☐112
☐113	☐114	☐115	☐116
☐117	☐118	☐119	☐120
☐121	☐122	☐123	☐124
☐125	☐126	☐127	
☐128		☐129	
☐130		☐131	
☐132			
☐133	☐134	☐135	☐136
☐137	☐138	☐139	☐140
☐141			
☐142			
☐143			
☐144			
☐145			
☐146			
☐147			
☐148			
☐149			
☐150			

キリトリ線

所要時間	分	得点	／100

2点×50問

第 4 回

解答用紙

☐151	☐152	☐153	☐154
☐155	☐156	☐157	☐158
☐159	☐160	☐161	☐162
☐163	☐164	☐165	☐166
☐167	☐168	☐169	☐170
☐171	☐172	☐173	☐174
☐175	☐176	☐177	☐178
☐179	☐180	☐181	☐182
☐183	☐184	☐185	☐186
☐187	☐188	☐189	☐190

☐191
☐192
☐193
☐194
☐195
☐196
☐197
☐198
☐199
☐200

キリトリ線

所要時間	分	得点	／100

2 点×50 問

第5回

解答用紙

☐201		☐202		☐203		☐204	
☐205		☐206		☐207		☐208	
☐209		☐210		☐211		☐212	
☐213		☐214		☐215		☐216	
☐217		☐218		☐219		☐220	
☐221		☐222		☐223		☐224	
☐225		☐226		☐227		☐228	

☐229	
☐230		☐231	
☐232		☐233	
☐234		☐235	

☐236		☐237		☐238		☐239	

☐240	
☐241	
☐242	
☐243	
☐244	
☐245	
☐246	
☐247	
☐248	
☐249	
☐250	

キリトリ線

所要時間	分	得点	／100

2点×50問

第6回

解答用紙

☐251	☐252	☐253	☐254
☐255	☐256	☐257	☐258
☐259	☐260	☐261	☐262
☐263	☐264	☐265	☐266
☐267	☐268	☐269	☐270
☐271	☐272	☐273	☐274
☐275	☐276	☐277	☐278
☐279	☐280	☐281	
☐282		☐283	
☐284		☐285	
☐286	☐287	☐288	☐289
☐290			
☐291			
☐292			
☐293			
☐294			
☐295			
☐296			
☐297			
☐298			
☐299			
☐300			

キリトリ線

所要時間	分	得点	／100

2点×50問

第7回

解答用紙

☐301	☐302	☐303	☐304
☐305	☐306	☐307	☐308
☐309	☐310	☐311	☐312
☐313	☐314	☐315	☐316
☐317	☐318	☐319	☐320
☐321	☐322	☐323	☐324
☐325	☐326	☐327	☐328
☐329	☐330	☐331	☐332

☐333	☐334	
☐335	☐336	
☐337	☐338	☐339

☐340	
☐341	
☐342	
☐343	
☐344	
☐345	
☐346	
☐347	
☐348	
☐349	
☐350	

キリトリ線

所要時間	分	得点	／100

2点×50問

第8回

解答用紙

☐351		☐352		☐353		☐354	
☐355		☐356		☐357		☐358	
☐359		☐360		☐361		☐362	
☐363		☐364		☐365		☐366	
☐367		☐368		☐369		☐370	
☐371		☐372		☐373		☐374	
☐375		☐376		☐377		☐378	
☐379		☐380		☐381		☐382	
☐383		☐384		☐385		☐386	
☐387		☐388		☐389		☐390	

☐391
☐392
☐393
☐394
☐395
☐396
☐397
☐398
☐399
☐400

キリトリ線

所要時間	分	得点	／100

2点×50問

第9回

解答用紙

Step 3 Part 3 [401-450]
標準解答時間35分

☐401	☐402	☐403	☐404
☐405	☐406	☐407	☐408
☐409	☐410	☐411	☐412
☐413	☐414	☐415	☐416
☐417	☐418	☐419	☐420

☐421		☐422	
☐423		☐424	
☐425		☐426	
☐427		☐428	

☐429	☐430	☐431	☐432
☐433	☐434	☐435	

☐436	☐437
☐438	☐439
☐440	

☐441
☐442
☐443
☐444
☐445
☐446
☐447
☐448
☐449
☐450

キリトリ線

所要時間	分	得点	／100

2点×50問

第10回

解答用紙

会話表現 ［451-475］
標準解答時間15分

□451	□452	□453	□454
□455	□456	□457	□458
□459	□460	□461	□462
□463	□464	□465	□466
□467	□468	□469	□470
□471	□472	□473	□474
□475			

所要時間	分	得点	／100

4点×25問

大学受験　スーパーゼミ

全解説　実力判定　英文法ファイナル問題集　標準編

桐原書店

大学受験　スーパーゼミ

全解説　文法・語法・イディオム・会話表現の総仕上げ

実力
判定
英文法ファイナル問題集

標準編

河合塾講師
瓜生 豊／篠田重晃 編著

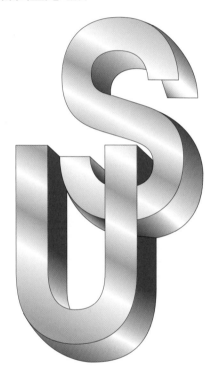

桐原書店

はじめに

　英文法・語法の学習は，たとえば「仮定法」や「関係詞」といった文法項目に沿って体系的になされるのが最も有効であることは言うまでもありません。私たちのこれまでの著書や，生徒諸君が学校で使用している文法・語法の学習参考書や問題集の大半が，文法項目別になっているのは，まったく異なる言語体系を学ぶ立場からすれば，極めて当然のことなのです。

　しかし，大学受験という観点からすれば，ことはそう単純なものではありません。入試問題には，それぞれの文法項目名が付されているわけではないからです。これはまた「今は仮定法の項目をテキストでやっているから，正答が出るけれど，模試になると自信が持てない」といった生徒諸君の不安の声として現れてきます。私たちの著書で学習した諸君からも「次に何をやればよいか」「直前期にやる問題集でいいものはないか」という問いをたびたび受けてきました。

　本書「英文法ファイナル問題集（標準編／難関大学編）」は，そういった学生諸君の声に応えたいというのが最大の執筆の動機です。これまでも「総仕上げ問題集」のようなものがなかったわけではありません。しかし，その内容たるや，問題の羅列と薄っぺらな解答集だけで，「○か×か」の確認をするのが精一杯といったものが大半です。これでは，自信をなくすか，せいぜいよく言っても気休めになるだけです。

　本書は，現在大学生になっている諸君や受験勉強に励んでいる諸君の声を，テキストの形式や問題量などに最大限反映させ，問題を解く緊張感と楽しさを持続する中で，入試時点で生徒諸君の力を最良の状態にするために，考えられる限りの工夫を施しています。その点からすれば，本書は私たちと生徒諸君との合作と言えるかもしれません。また，その出来映えには，いささか自負するところもあります。これまでにさまざまな授業・参考書などで学習してきた諸君が，広範に，自らの学習の仕上げとして本書を利用し，大いなる成果をあげ，春に朗報を手にされることを切に願っています。

　本書を構想し，「標準編」と「難関大学編」の2冊にまとめ上げるまでに2年の歳月が流れました。その間私たちにさまざまな示唆を与えてくれた生徒諸君に，そして子育てのかたわら，本書の刊行に最後まで付き合ってくれた Ms. Suzanne Schmitt Hayasaki に，この場を借りて謝辞を申し述べたいと思います。

　1998 年　盛夏

編著者

解答・解説編の構成と使用法

　「解答・解説編」は単に解答の正誤を確認するだけでなく，各問の解説を読むことによって，考え方や知識が整理され，ワンランク上の学力を身につけることができるようになっています。十分に活用してください。

●解答一覧表

各回の最初のページには，解答用紙に合わせた［解答］を載せています。まずは，これで自分の答案を採点してください。また，このページの上には，各回の問題に対する「コメント」を付けています。参考にしてください。

●問題の解説

解説は次の順に示しています。①解答，②問題のポイント，③問題英文（解答部分は太字。ただし，イディオムの同意語句選択問題はイディオムのほうを太字で載せています），④問題英文の和訳，⑤解説

なお，問題番号の下にはその問題の「文法テーマ」を記しています。

また，解説中の英語表記部分では，［　］は言いかえができることを，（　）は省略ができることを原則として表しています。

●CHECK

文字どおり，最後の段階で自分の知識をCHECKすべき欄です。入試で問われる項目のエッセンスともいえる内容が含まれていますので，必ず押さえてください。

●弱点発見シート

p.133～135に全問題を「文法テーマ」ごとに振り分けた「弱点発見シート」を掲載しています。間違えた問題をマークすることで，苦手な「文法テーマ」が浮き上がってくることがあるかもしれません。その場合は，今まで使ってきた参考書や問題集の該当項目を再度やり直して，「穴」を埋めておいてください。

●索引

巻末には「索引」がありますから，活用してください。該当箇所がすぐわかるように，問題番号を対応させるようにしています。

もくじ

CHECK 一覧

第1回の問題はいずれも最頻出項目で，どの問題をテキストに使うか迷うくらいであった。それだけにどれも「落とせない」レベルだと認識して欲しい。逆に言えば，今回の内容を理解していれば，入試の基礎点が固まるとも言える。CHECK欄の内容も含めて確実にしておきたい。

解答

□001	③	□002	②	□003	②	□004	①
□005	④	□006	③	□007	④	□008	③
□009	②	□010	②	□011	④	□012	④
□013	②	□014	③	□015	①	□016	③
□017	③	□018	②	□019	①	□020	③
□021	③	□022	②	□023	④	□024	②
□025	④	□026	①	□027	④	□028	④
□029	④	□030	④	□031	③	□032	③
□033	②	□034	③	□035	③	□036	②
□037	③	□038	①	□039	①	□040	③

□041	My mother's illness prevented me from attending the meeting.
□042	The traffic jam caused us to be late for the morning classes.
□043	It is obvious that the situation is not going to improve.
□044	It's a great pleasure to live in the country.
□045	In order to make full use of the hours of daylight, they employ daylight saving time in America.
□046	We cannot respect such a great man too much.
□047	It was impossible for me not to think of her.
□048	They robbed him of his watch and ran away.
□049	His behavior made us burst out laughing.
□050	This is a good TV program for children to see.

第1回

解答・解説

Step 1 Part 1 [001-050]

---

001 ③ 〈avoid doing−動名詞が目的語〉

動詞の語法

You should avoid **crossing** the street here if you are not in a hurry.

(急いでいるのでなければ，ここで通りを横切るのは避けるべきだ)

➡ **avoid** は不定詞ではなく動名詞を目的語にする動詞。**avoid doing** で「…することを避ける」の意味。

➡ 不定詞を目的語にせず動名詞を目的語にする動詞は出題頻度も高く，正答率も高い。以下の動詞を必ずマスターしておこう。

> ● CHECK 1 ● 不定詞を目的語とせず動名詞を目的語にとる動詞
> ☐ **mind doing**「…するのを気にする」
> ☐ **miss doing**「…しそこなう」
> ☐ **enjoy doing**「…するのを楽しむ」
> ☐ **give up doing**「…するのをあきらめる」
> ☐ **admit doing**「…するのを認める」
> ☐ **avoid doing**「…するのを避ける」
> ☐ **finish doing**「…するのを終える」
> ☐ **escape doing**「…するのをのがれる」
> ☐ **practice doing**「…する練習をする」
> ☐ **put off doing**「…するのを延期する」
> ☐ **postpone doing**「…するのを延期する」
> ☐ **stop doing**「…するのをやめる」
> ☐ **consider doing**「…するのを考慮する」
> ☐ **deny doing**「…するのを否定する」

---

002 ② 〈mind doing〉

動詞の語法

Would you mind **cleaning** the room for me?

(部屋を掃除してもらえませんか)

➡ **mind** も不定詞ではなく動名詞を目的語にする動詞。**mind doing** で「…するのを気にする／いやがる」の意味。通例，否定文，疑問文で用いる。

➡ **mind** は本来「いやがる」の意味の動詞だから，本問のような，疑問文に対して日本語で「いいですよ」という答えをするためには「いやではありません」という否定で答えなければならないことも押さえておこう。**Certainly not.／Of course not.** などがよく用いられる。

---

003 ② 〈consider doing〉

動詞の語法

He is considering **studying** in Australia next year.

(彼は，来年オーストラリアで勉強しようかと考えている)

➡ **consider** も不定詞ではなく動名詞を目的語にする動詞。**consider doing** で「…するのを考慮する」の意味。近年，出題頻度が急上昇しているので要注意。

004 ①

動詞の語法 〈managed to do—不定詞が目的語〉

Harry **managed** to swim across the river.

（ハリーはどうにかその川を泳いで横断することができた）

➡ 選択肢の中で不定詞を目的語にする動詞は① managed だけ。**manage** は動名詞を目的語にせず不定詞を目的語にする動詞。この種の動詞も出題頻度が高いので，以下の動詞を必ず押さえておくこと。

● CHECK 2 ● 動名詞を目的語とせず不定詞を目的語にとる動詞

＊基本的には未来志向の動詞が多い。

□ **afford to do**「…する余裕がある」

□ **attempt to do**「…しようと試みる」

□ **decide to do**「…することに決める」

□ **fail to do**「…することを怠る／しない」

□ **hope to do**「…することを望む」

□ **intend to do**「…するつもりである」

□ **manage to do**「どうにか…する」

□ **offer to do**「…することを申し出る」

□ **pretend to do**「…するふりをする」

□ **refuse to do**「…するのを断る」

□ **promise to do**「…する約束をする」

□ **wish to do**「…することを願う」

005 ④

動詞の語法 〈decide to do〉

I hear that Bill and Jane decided **to get married**.

（ビルとジェーンは結婚することに決めたそうだ）

➡ **decide** も動名詞ではなく不定詞を目的語にする代表的な動詞。

➡ decide A「A を決定する／解決する」の語法もあるが，その場合 A には「問題・計画・議論」などを表す名詞がくる。よって② marriage「結婚」は不可。

006 ③

動詞の語法 〈remember doing「…したことを覚えている」〉

I suppose you remember **seeing me** while you were staying in Chicago.

（あなたはシカゴにいたころ私に会ったことを覚えていると私は思います）

➡ **remember** は動名詞も不定詞も目的語にするが，それぞれ意味の異なる動詞。**remember doing** は「（過去に）…したことを覚えている」の意味で，**remember to do** は「…することを覚えておく」の意味。本問は文意から③ seeing me を選ぶ。

007 ④

動詞の語法 〈remember to do「…することを覚えておく」〉

Remember **to mail** this letter when you go out.

（出かけるときはこの手紙を投函するのを覚えていてください）

➡ 文意から，**remember to do**「…することを覚えておく」の表現を選ぶ。

➡ なお，目的語が不定詞か動名詞かで意味が異なるものとして，以下の動詞を押さえておこう。

● CHECK 3 ●　目的語が不定詞と動名詞では意味が異なる動詞

- □ { **remember to do**「…することを覚えておく」
  remember doing「…したことを覚えている」}
- □ { **forget to do**「…することを忘れる」
  forget doing「…したことを忘れる」}
- □ { **regret to do**「残念ながら…する」
  regret doing「…したことを残念に思う」}
- □ { **mean to do**「…するつもりである」
  mean doing「…することを意味する」}
- □ { **need to do**「…する必要がある」
  need [want] doing「…される必要がある」}
- □ { **go on to do**「さらに続けて…する」
  go on doing「…し続ける」}
- □ { **try to do**「…しようとする」
  try doing「試しに…してみる」}
- □ { **stop to do**「…するために立ち止まる」
  ＊この場合の stop は「立ち止まる」の意の自動詞。
  stop doing「…することをやめる」}

008　③　　　　　　　　　　　　　　　　　　　　〈「V＋O＋do」と「V＋O＋to do」〉

[動詞の語法]　His parents should **make him study** because his grades are poor.
（彼は成績が悪いので，両親は彼に勉強させるべきだ）

➡ let, make, have は「V＋O＋do」の形で用い，目的格補語として原形不定詞をとる動詞。to-不定詞を使った ② let him to study，④ have him to study は不可。③ make him study が正解になる。

➡ force は，「V＋O＋to do」の形で用いる動詞。よって，① force him study は不可。force him to study なら正解になる。

● CHECK 4 ●　目的格補語に原形不定詞をとり，「V＋O＋do」の形で用いる動詞

- □ **have A do**「A に…してもらう／させる」
- □ **let A do**「(本人の望みどおりに)A に…させてやる」
- □ **make A do**「(強制的に)A に…させる」
- □ **see A do**「A が…するのを見る」
- □ **watch A do**「A が…するのを見守る」
- □ **hear A do**「A が…するのを聞く」
- □ **feel A do**「A が…するのを感じる」
- □ **look at A do**「A が…するのを見る」
- □ **listen to A do**「A が…するのを聞く」
- □ **help A (to) do**「A が…するのを手伝う／A が…するのに役立つ／促進する」
  ＊help の場合，補語に原形不定詞のみならず，to-不定詞もとる。

● CHECK 5 ●　目的格補語にto-不定詞をとり，「V＋O＋to do」の形で用いる動詞

- □ **allow A to do**「A が…するのを許す」
- □ **ask A to do**「A が…するように頼む」
- □ **permit A to do**「A が…するのを許す」
- □ **force A to do**「A に…することを強制する」

□ **compel A to do**「A に…することを強制する」
□ **enable A to do**「A が…するのを可能にする」
□ **cause A to do**「A が…する原因となる」
□ **encourage A to do**「A が…するように励ます」
□ **advise A to do**「A に…するように忠告する」
□ **expect A to do**「A が…すると予期する／思っている」
□ **invite A to do**「A に…するように勧める」
□ **remind A to do**「A に…することを気づかせる」
□ **persuade A to do**「A を説得して…させる」
□ **want A to do**「A が…することを望んでいる」
□ **oblige A to do**「強制的に A に…させる」
□ **require A to do**「A に…するように要求する」

009 ②　　　　　　　　　　　　　　　　　　　〈see A do→A is seen to do〉

動詞の語法

態

The man was seen **to go** out of the house.

（その男は家から出るのを見られた）

➡「V＋O＋do」の形で用いられる動詞を受動態にすると，原形不定詞は to-不定詞になる。つまり，**see A do** であれば，受動態にすると，**A is seen to do** の形になるのである。本問はその点を問うもので，② to go が正解になる。

010 ②　　　　　　　　　　　　　　　　　　　　　　　　　〈lie と lay〉

動詞の語法

How long have you **been lying** in bed？

（床についてからどのくらいになりますか）

➡ **自動詞 lie**「横になる」と**他動詞 lay**「…を横たえる」の違いは重要。lie の活用は **lie−lay−lain** で現在分詞は **lying** となる。lay の活用は，**lay−laid−laid** で現在分詞は **laying** となる。本問は空所の後に目的語がないので，自動詞 lie を使うが，現在完了進行形で用いる点に注意。

➡ **自動詞 lie** には「うそをつく」（＝tell a lie)の意味を表す用法がある。その場合の活用は規則的で，**lie−lied−lied** で現在分詞は **lying** となることも押さえておこう。

011 ④　　　　　　　　　　　　　　　　　　　　　　　　〈rise と raise〉

動詞の語法

The flag is **raised** every morning by one of our students.

（その旗は毎朝わが校の生徒の一人によって掲揚されます）

➡ **自動詞 rise**「上がる／高くなる」と**他動詞 raise**「…を上げる」の違いも重要。rise の活用は，**rise−rose−risen** で現在分詞は **rising** となる。raise は規則的で，**raise−raised−raised** で現在分詞は **raising** となる。

➡ 本問では他動詞 raise の過去分詞を入れて受動態を完成させる。

012 ④　　　　　　　　　　　　　　　　　　　　　　　　〈進行形の用法〉

時制

I **was making** dinner when the telephone rang.

（電話が鳴ったとき，私は夕食を作っていた）

➡ 動作がある時点で進行していることを表す場合，進行形 (**be doing**)を用いる。本問では，「電話が鳴ったとき」という過去の時点で「夕食を作る」という動作が進行していたことを表すため，過去進行形を入れることになる。

013 ②   〈過去の事実—過去時制〉

時制

The royal wedding which took place last week **was seen** by millions
simultaneously on TV.

(先週行なわれた王室の結婚式は，その時点で同時に数多くの人々にテレビで見られた)

➡ **過去の事実は過去時制で表す。**本問は simultaneously「同時に」という語がある
ので，テレビの生中継で見られたことが示されている。結婚式は先週行われたのだ
から，① will be seen，④ is seen は不可。

➡ might は形は may の過去形であっても，may「…かもしれない」とほぼ同じ意味
の現在の推量を表す助動詞で，今では過去の推量を表す用法としてはまず用いられ
ない。よって，③ might be seen は不可。

014 ③   〈時・条件の副詞節—未来のことでも現在時制〉

時制

I'll call her when I **finish** dinner.

(夕食を終えたら彼女に電話をします)

➡ **時・条件を表す副詞節中では，未来のことでも現在時制を用いる。**本問の when-
節は「…するとき」の意味を表す副詞節。

➡ ② で用いられている **be going to do** は「⑦ …するつもりだ(主語の意志)，⑦ …
しようとしている(近い未来)，⑦ …しそうである(主観的判断)」を表すが，いずれ
も本問の文意に合わない。

015 ①   〈現在完了の用法〉

時制

Mr. Kimura **has lived** in this street for three years.

(木村氏はこの通りに3年間住んでいる)

➡ **現在を基点にして，それまでの完了・結果，経験，(状態の)継続を表すには，現在
完了(have done)を用いる。**本問は継続の用法。

016 ③   〈群動詞の受動態〉

態

He was laughed **at by** all his classmates.

(彼はクラスメート全員に笑われた)

➡ 成句表現で1つの動詞と同じ働きをするものを群動詞というが，**群動詞を受動態に
する場合，その群動詞をまとめて1つの固まりとして考える。**

➡ A laughed at B「A は B を笑った」であれば，B was laughed at by A とな
るのである。

017 ③   〈used to do の用法〉

助動詞

England is quite different from what it **used to be** when I visited it thirty
years ago.

(英国は，30年前に私が訪れたときの姿とまったく変わっている)

➡ **used to do** は，現在と対比させて，過去の継続的状態(「以前は…だった」)と過去
の習慣的動作(「…したものだ」)を表す用法がある。本問は前者の用法。

➡ 本問の **what it used to be** は関係代名詞 what を使った慣用的表現で，**what S
is [am / are]**「今の S(の姿)」，**what S was [were / used to be]**「昔の S(の
姿)」といった形で用いられる。そこから，**what S should [ought to] be** であ
れば「S のあるべき姿」といった意味としてよく用いられる表現になるが，本問で
は文意からありえない。よって① should be，② ought to be は不可。

018 ②　　　　　　　　　　　　　　　　　　　　　〈「…に違いない」の must〉
[助動詞]

She's really sweating and shivering! She **must** have a high fever.
(彼女は本当に汗をかいて震えている。高熱があるに違いない)

➡ 文意から判断する。**must**「…に違いない」を入れる。この意味と逆の意味を表すのは **cannot [can't]**「…のはずがない」であることも押さえておこう。

➡ **must**「…しなければならない」，**must not**「…してはいけない」の用法も確認しておくこと。

019 ①　　　　　　　　　　　　　　　　〈have to do と don't have to do〉
[助動詞]

We **don't have to** go to school tomorrow because it is a holiday.
(明日は休日だから，学校に行く必要はない)

➡ **have to do**「…しなければならない」は **must do** と同じ意味だが，**don't have to do** は「…する必要はない」の意味になる。**need not do** と同意で，must not do「…してはいけない」の意味にはならない点に注意。

020 ③　　　　　　　　　　　　　　　　　　　　　　　〈仮定法の基本形〉
[仮定法]

If I lost my key, I **wouldn't be** able to lock the door.
(鍵をなくせば，ドアに鍵をかけることはできないだろう)

➡ 仮定法過去の基本形は，現在の事実と反対の仮定や実現の可能性の低い仮定を行ない，それに基づく推量を表す。その形は以下のとおりで，本問では ③ wouldn't be を入れ主節の形を作る。

●) CHECK 6 (● 　仮定法過去の基本形

If＋S＋動詞の過去形 ..., S'＋would / could / might / should＋動詞の原形 ~.
└─── 従節 ───┘└──── 主節 ────┘

「もし S が…するなら，S'は~するだろう(に)」

＊従節中の be 動詞は原則として were を用いる。(今では，単数扱いの主語の場合 was も使われる)

＊主節中の助動詞に should を用いるのは，原則として 1 人称の主語 (I, we) の場合のみ。

➡ 仮定法のもう一つの柱，仮定法過去完了の基本形は，過去の事実と反対の仮定を行ない，それに基づく推量を表す。その形は，以下のとおり。

●) CHECK 7 (● 　仮定法過去完了の基本形

If＋S＋動詞の過去完了形(had done)...,
└──── 従節 ────┘

S'＋would / could / might / should＋have done ~.
└──── 主節 ────┘

「もし S が…したなら，S'は~しただろう(に)」

＊主節中の助動詞に should を用いるのは，原則として 1 人称の主語 (I, we) の場合のみ。

021 ③　　　　　　　　　　　　　　　　　　　　　〈疑問詞＋to-不定詞〉
[不定詞]

My father is considering which one **to buy**.
(私の父はどれを買うべきか考慮中である)

➡️「疑問詞＋to-不定詞」は，文中で名詞句として機能する。which to buy だけでも文意は成り立つが，対象が単数・複数の区別が必要な場合には，which one to buy／which ones to buy といった使い方をする。本問は単数であることを明示するため，which one to buy の形になっている。

➡️ なお，接続詞 whether を使った **whether to do (or not)**「…すべきかどうか(…すべきか否か)」も同じ形の表現として押さえておこう。

---

022 ②　　　　　　　　　　　　　　　　　　　　　〈副詞用法の不定詞－結果〉

[不定詞]

I woke up **to find myself lying** on the bench.

(目が覚めると，ベンチに寝ていた)

➡️ 副詞用法の結果を表す不定詞は，固定化した表現で用いられる。⑦ **wake (up) [awake] to find [see] ...**「目が覚めると…だと知る」，④ **grow up to be ...**「成長して…になる」，⑨ **live to do**「…するまで生きる←生きて…する」という3つの表現を押さえておけばよい。本問は⑦の用法。

➡️ ① and found my lying は，my がおかしい。and found myself lying なら正答となる。

---

023 ④　　　　　　　　　　　　　　〈不定詞否定語は不定詞の直前／ask A to do〉

[不定詞]
[動詞の語法]

He asked **me not to tell** anyone what had happened.

(彼は，何が起こったか誰にも言わないでくれと私に頼んだ)

➡️ **不定詞を否定する語は不定詞の直前におく。**また，問題 008 の **CHECK 5** で述べたように，ask は **ask A to do** の形をとる動詞であった。以上の2点から，正答は④ me not to tell となる。

---

024 ②　　　　　　　　　　　　　　　　　　　　　　〈It is nice of A to do〉

[不定詞]

It's nice **of** you to come and see me.

(会いに来てくれてありがとう)

➡️ **不定詞の意味上の主語を明示する場合は，「for＋(代)名詞」を不定詞の直前におくのが原則**だが，It is ... to do の形式主語構文で，**人の性格・性質を表す語が補語にくる場合，It is ... of A to do の形がくる。**一般にこの形は，A is ... to do の形に言いかえることができる。

➡️ 本問の nice は「親切な」(=kind)の意味で，It is nice [kind] *of you* to do という形は「…してくれてありがとう」と訳出するとよい。A の位置に you 以外の表現がくる場合は「A は親切にも…してくれる」と訳出すればよい。

---

025 ④　　　　　　　　　　　　　　　　　　　　　　〈分詞(句)の名詞修飾〉

[分詞]

Is this the road **leading** to the Civic Center ?

(これは官庁街に通じる道ですか)

➡️ 名詞を修飾する分詞については，以下の2点を押さえる。**修飾される名詞と分詞との間が能動関係なら現在分詞を，受動関係なら過去分詞を用いる。分詞1語が名詞を修飾する場合は名詞の前におき，分詞が他の語句を伴って長くなっている場合は名詞の後におく。**

➡️ 本問は，「道が通じる」の能動関係なので現在分詞を用いる。to the Civic Center という語句を伴っているので，leading が the road の後におかれていることも確認しておこう。

026 ①

〈be used to do 「…するために使われる」〉

態

主語と動詞
の一致

If poisons like DDT **are used** to control insects, there will be serious environmental damage.

（昆虫を抑制するために DDT のような有害物質が使われれば，深刻な環境汚染が生じるだろう）

➡ 文内容からして，受動態の動詞を選ぶ。like DDT という修飾語句があるが，文の主語は poisons なので，複数形に呼応する① are used を選ぶ。

➡ used を使った表現は紛らわしいものがあるので整理しておこう。⑦ **used to do** 「以前は…だった／…したものだ」（問題017参照），④ **be used to A / doing**「A に／…することに慣れている」，⑦ **be used to do** 「…するために使われる」の3つは，読解上も要注意。本問は⑦の形。

027 ④

〈find fault with A＝criticize A〉

動詞を含む
イディオム

I hope he'll stop trying to **find fault with** everything I do.

（私は，彼が私のやることはなんでも非難しようとするのをやめてほしいと思う）

➡ **find fault with A＝criticize A** 「A を非難する／A のあらさがしをする」で押さえる。

➡ 他の選択肢① **make a fuss (over A)** 「(A で)大騒ぎする」，② **make fun of A** 「A をからかう／ばかにする」，③ **play a trick on A** 「A にいたずらをする」も押さえておこう。

028 ④

〈call for A＝demand A〉

動詞を含む
イディオム

The job **calls for** great care and practice.

（その仕事には，大変な注意と訓練が必要だ）

➡ **call for A＝demand [require] A** 「A を必要とする／要求する」で押さえる。

029 ④

〈look up to A＝respect A〉

動詞を含む
イディオム

He is **looked up to** as a great statesman.

（彼は偉大な政治家として尊敬されている）

➡ **look up to A＝respect A** 「A を尊敬する」で押さえる。反対の表現として **look down on [upon] A＝despise [scorn] A** 「A を軽蔑する／見下す」も押さえておこう。

➡ ① **look for A** 「A を探す」，③ **look forward to A** 「A を楽しみに待つ」も重要イディオム。

030 ④

〈put up with A＝tolerate A〉

動詞を含む
イディオム

The people living near the construction site will have to **put up with** the noise for another five years.

（建設現場の近くの住人は，さらに5年間騒音をがまんしなければならないだろう）

➡ **put up with A＝tolerate [endure / bear / stand] A** 「A をがまんする／A に耐える」で押さえる。言いかえの動詞はどれも頻出なので，4つとも覚えておくこと。

031 ③

〈go on＝continue〉

動詞を含む
イディオム

Some scientists doubt this evidence, and so the debate **goes on**.

（この証拠に疑問を抱く科学者もいるので，論争は続く）

➡ **go on＝continue** [**last**]「続く」で押さえる。**go on doing＝continue doing** [**to do**]「(ずっと)…し続ける」の用法も重要。

032 ③ 〈account for A＝explain A〉

動詞を含む
イディオム

This does not **account for** her absence.
(これでは彼女の欠席の説明にならない)

➡ **account for A＝explain A**「A を説明する」で押さえる。

➡ ① **point out A**「A を指摘する」, ② **take on A**「A を雇う／引き受ける／帯びる」, ④ **turn over A**「A をひっくり返す／めくる」も押さえておこう。

033 ② 〈put off A＝postpone A〉

動詞を含む
イディオム

The outdoor concert will have to be **put off** because of the approaching typhoon.
(その野外コンサートは，台風が近づいているため，延期しなければならないだろう)

➡ **put off A／put A off＝postpone A**「A を延期する」で押さえる。

034 ③ 〈stand for A＝represent A〉

動詞を含む
イディオム

In mathematics the symbol 'X' **stands for** an unknown quantity.
(数学において X の記号は未知数[量]を表す)

➡ **stand for A＝represent A**「A を表す」で押さえる。**stand for A＝support A**「A を支持する」の意味でも頻出なので，要注意。本問は文意から，represent A の内容だと判断する。

035 ③ (→making) 〈stop to do と stop doing〉

動詞の語法

Could you please stop **making** so much noise?
(そんなに騒ぐのはやめてもらえませんか)

➡ 問題 007 の CHECK 3 で述べた **stop to do**「…するために立ち止まる」と **stop doing**「…することをやめる」の違いがポイント。本問では，文意から stop doing の形でなければならない。

036 ② (→come) 〈become to do は不可〉

動詞の語法

How did she **come** to be invited to the party?
(どのようにして彼女はパーティーに招待されるようになったのですか)

➡ become「…になる」は補語に形容詞・名詞をとる用法はあるが，不定詞が続く形はない。「…するようになる」は **come to do** で表す。

037 ③ (→obeyed) 〈自動詞と間違えやすい他動詞〉

動詞の語法

James was a very considerate boy and **obeyed** his parents all the time.
(ジェイムズはとても思いやりのある男の子なので，いつも両親の言うことをきく)

➡ **obey** は自動詞ではなく他動詞なので **obey A** で「A に従う」の意味を表す。

● CHECK 8 ● 入試で狙われる注意すべき他動詞

□ **marry A**「A と結婚する」

□ **discuss A**「A について議論する」

□ **approach A**「A に近づく」

□ **resemble A**「A に似ている」

　□ **obey A**「A に従う」
　□ **reach A**「A に到着する」
　□ **mention A**「A について言及する」
　□ **enter A**「A の中に入る」
　□ **attend A**「A に出席する」

038　① （→to slow down）　　　　　　　　　〈forget to do と forget doing〉

（動詞の語法）　Don't forget **to slow down** a little when you turn.　You almost ran over a black cat.

（道を曲がるときは，忘れずにもう少しスピードを落としてください。もう少しで黒い猫をひくところでしたよ）

➡ 問題 007 の **CHECK 3** で述べた，**forget to do**「…することを忘れる」と **forget doing**「…したことを忘れる」の違いがポイント。本問では，文意から forget to do の形でなければならない。なお，**don't forget to do＝remember to do** と考えてよい。

039　① （→will be performed）　　　　　　　　　　　〈態の考え方の基本〉

（態）　The music for the opera, which **will be performed** next month, has been written by one of the students in the music department.

（来月上演されるオペラの音楽は，音楽学科の学生の 1 人によって書かれたものだ）

➡ **perform** は他動詞で「…を演奏する／上演する」の意味であり，which の先行詞は the opera。よって，which の後に続く動詞は受動態でなければならない。

040　③ （→would have been）　　　　　　　　　〈仮定法過去完了の基本形〉

（仮定法）　If you had crossed the street a minute earlier, you **would have been** run over by that car.

（もう少し早くその通りを渡っていたなら，あなたはその車にひかれていたでしょう）

➡ 文意から，過去の事実の反対の内容だから，仮定法過去完了の形であることがわかる。その基本形は問題 020 の **CHECK 7** で述べたとおりで，本問では主節の動詞の形がおかしい。

041　　　　　　　　　　　　　　　　　　　　　〈prevent A from doing〉

（動詞の語法）　**My mother's illness prevented me from attending the meeting.**

（母が病気なので私はその会合に出席できなかったのです）

➡ **prevent [keep / stop / hinder] A from doing**「A が…するのを妨げる」を使って，英文を完成させる。文構造どおりに訳出すると「私の母の病気は私がその会合に出席するのを妨げた」となる。整序問題では，本問のように，英文の文構造と与えられた和文が一致していない場合が多いので注意。あくまでも，動詞に着目して文章を組み立てる姿勢が必要。

042　　　　　　　　　　　　　　　　　　　　　　　〈cause A to do〉

（動詞の語法）　The traffic jam caused **us to be late for** the morning classes.

（交通渋滞のために朝の授業に遅れた）

➡ 問題 008 の **CHECK 5** で述べた **cause A to do**「A が…する原因となる」を使って，英文を完成させる。文構造どおりに訳出すると「交通渋滞は私が朝の授業に

遅れる原因となった」となる。

---

043 〈be going to do〉

時制

It is **obvious that the situation is not going to improve**.

（事態がよくならないことは明白だ）

➡ 文頭の It は that-節を受ける形式主語として用いる。that-節中では，問題 014 で述べた **be going to do** を用いるが，ここでは「⑦…しそうである（主観的判断）」の用例である。

---

044 〈It is ... to do〉

不定詞

It's **a great pleasure to live in the country**.

（田舎に住むことは，大変たのしい）

➡ 名詞用法の不定詞が文の主語となる場合，形式主語の it を用いて，不定詞句を後置することが多い。本問はその形を作る。

---

045 〈in order [so as] to do／make use of A〉

不定詞

動詞を含む
イディオム

In **order to make full use of the hours** of daylight, they employ daylight saving time in America.

（日照時間を最大限に利用するため，アメリカでは夏時間を採用しています）

➡ 「…するために」という「目的」を表す副詞用法の不定詞であることを明示するためには，**in order to do／so as to do** の形を用いる。「…しないように」という否定形は，**in order not to do／so as not to do** である。

➡ 「…を利用する」は **make use of A** のイディオムを使う。「最大限に利用する」となっており，選択肢に形容詞の full があるので，make full use of A の形にすることに注意。

---

046 〈cannot ... too ～〉

助動詞

語順

We cannot **respect such a great man too** much.

（このような偉大な人はいくら尊敬してもしすぎることはない）

➡ **cannot ... too ～**「どんなに～しても…しすぎることはない」を使って，英文を完成させる。much を副詞として用い too much とまとめる。

➡ such を使ったときの語順に注意。「**such＋(a)＋(形容詞)＋名詞**」の語順で使うので，such a great man とする。

---

047 〈不定詞の意味上の主語／not to do〉

不定詞

It **was impossible for me not to** think of her.

（彼女のことを考えまいとしても無理だった）

➡ 問題 044 で述べた **It is ... to do** の形式主語構文に，不定詞の意味上の主語（問題 024 参照）を for me で表し，さらに **not to do**（問題 023 参照）の形で不定詞を否定する語を使う。

---

048 〈rob A of B「A から B を奪う」〉

動詞の語法

They **robbed him of his watch** and ran away.

（彼らは彼の時計を奪って逃げた）

➡ **rob A of B**「A から B を奪う」を使って，英文を完成させる。この of は「分離・はく奪」を表す。同じパターンをとる動詞は以下の通り。いずれも A と B を逆

にしないように注意。

● CHECK 9 ● rob A of B と同じパターンをとる動詞
□ **deprive A of B**「A から B を奪う」
□ **clear A of B**「A から B を取り除く」
□ **cure A of B**「A から B を取り除いて治す」
□ **rid A of B**「A から B を取り除く」
□ **relieve A of B**「A から B を除いて楽にする」

049 〈make A do／burst out laughing〉

動詞の語法
動詞を含む
イディオム

His behavior **made us burst out laughing**.
（彼のふるまいを見て私たちはどっと笑いに包まれた）

➡ 問題 008 の **CHECK 4** で触れた **make A do**「A に…させる」を使って英文を完成させる。

➡ 「どっと笑う」は **burst out laughing** で表す。**burst out laughing＝burst into laughter**「突然笑い出す」, **burst out crying＝burst into tears**「突然泣き出す」を整理して押さえておくとよい。

050 〈形容詞用法の不定詞／不定詞の意味上の主語〉

不定詞

This is a good TV program for children to see.
（これは子どもが見るのに良いテレビ番組です）

➡ This is a good TV program とまとめ, その後に意味上の主語 for children を前においた形容詞用法(名詞を修飾する用法)の不定詞 to see を続ける。

➡ This TV program is good for children to see. と to see を good を修飾する副詞用法の不定詞として使っても, ほぼ同じ意味を表すが, 本問では不定冠詞の a が余ってしまうので, 正答にはなりえない。

□051	④	□052	②	□053	①	□054	①
□055	②	□056	①	□057	④	□058	②
□059	①	□060	③	□061	④	□062	②
□063	①	□064	①	□065	④	□066	①
□067	③	□068	②	□069	③	□070	③
□071	②	□072	③	□073	①	□074	③
□075	①	□076	②	□077	②	□078	④

□079	the	□080	taste または liking
□081	person	□082	particular
□083	difficulty または trouble	□084	it, sell
□085	no, less または fewer	□086 ②	□087 ①
□088 ④	□089 ③	□090 ④	

□091	Wet weather is likely to continue for a few more days.
□092	She cannot so much as write her own name.
□093	The longer you put off your work, the less inclined you will be to do it. 〈not 不要〉
□094	Of all the novels I've read so far, no other has moved me so much as this one.
□095	I can no more play the violin than a baby can.
□096	There is nothing the matter with him. 〈ill 不要〉
□097	This book is different from the one I ordered yesterday.
□098	Most Japanese schools abroad offer a curriculum similar to that in Japan.
□099	It is no wonder that he should say such things.
□100	Dr. Smith's lecture left a deep impression on the minds of those present. 〈theirs 不要〉

第2回

解答・解説

Step 1 Part 2 ［051-100］

---

051 ④ 　　　　　　　　　　　　　　　　　　〈much の用法／不可算名詞の news〉

形容詞の語法

名詞の語法

I've heard so **much** news about the scandal that I'm sick of it.

（その醜聞に関してあまりにも多くのニュースを聞いたので，私はそれにうんざりしている）

➡ **much** は不可算名詞（数えられない名詞）につけて「たくさんの…」の意味を表す。**news**「ニュース」が不可算名詞であることに気づくことが本問のポイント。

➡ **be sick [tired / weary] of A＝be fed up with A**「A にうんざりしている」は重要イディオムとして押さえておこう。

● CHECK 10 ● **many，much，few，little の用法と意味**

意味 ＼ 用法	①「数えられる名詞」につけて「数」を表す。 ② 必ず名詞の複数形につく。	①「数えられない名詞」につけて「量」「程度」を表す。 ② 名詞の単数形につく。
たくさんの	many	much
ほとんど…ない （否定的）	few	little
少しの （肯定的）	a few	a little
少なからぬ	not a few／quite a few	not a little／quite a little

---

052 ② 　　　　　　　　　　　　　　　　　　　　　　〈quite a few の用法〉

形容詞の語法

Although he had quite **a few** ribs broken, there didn't seem to be any internal damage.

（彼は肋骨を相当数折っていたけれども，からだの内部の損傷はまったくなかったようだ）

➡ **quite a few** は「**quite a few＋複数名詞**」の形で「かなりの…／相当の…」の意味を表す。問題 051 の **CHECK 10** 参照。

---

053 ① 　　　　　　　　　　　　　　　　　　　〈a large number of A など〉

形容詞の語法

名詞の語法

We found a **large** number of mistakes in his paper.

（私たちは彼の研究論文の中に多くの誤りを見つけた）

➡ **a large number of A**（複数名詞）は「多くの A／多数の A」の意味を表す。紛らわしい表現の **a large amount of A**（通例，不可算名詞）「多量の A」と間違えないようにしておく。

➡ **a number of A**（複数名詞）も「多くの A」の意味を表すが，a large number of A は a number of A よりも意味的に強い表現として押さえておこう。

➡ **the number of A**（複数名詞）「A の数」もここで押さえる。**a (large) number of A** が複数扱いなのに対して，**the number of A** は単数扱いであることも頻出

項目。

054 　①　　　　　　　　　　　　　　　　　　　　　〈able の用法－be able to do〉

形容詞の語法　After a lot of practice he was **able** to understand spoken English.

（彼はたくさん練習を積んだ後，英語で話される言葉を理解できるようになった）

➡ **able** は **be able to do** の形で「…することができる」の意味を表し，通例，「人」を主語にとることに注意。

➡ ② easy, ④ possible は通例，「人」を主語にとれないので不可。It is easy [possible] for him to understand spoken English. なら正しい用法となる。

●CHECK 11● 　「できる／できない」を表す形容詞

able [**unable**]**, capable** [**incapable**]**, possible** [**impossible**] の用法は紛らわしいので以下の例で押さえておく。

He *is* (*un*)*able to do* the work.

＝He *is* (*in*)*capable of doing* the work.

＝*It is* (*im*)*possible for* him *to do* the work.

055 　②　　　　　　　　　　　　　　〈impossible の用法－It is impossible to do〉

形容詞の語法　It is not **impossible** to get over the difficulties of learning a new language if you have the right attitude.

（未知の言語を学習することに対する正しい心構えを持っていれば，それに伴うさまざまな困難を克服することは不可能ではない）

➡ **impossible** は形式主語をとって，**It is impossible (for A) to do** の形で「(A が)…することは不可能である」の意味を表す。本問は主語の It が形式主語であることを見抜くこと。

➡ ① incapable, ③ unable にしないこと。You are not incapable of getting over ... や You are not unable to get over ... なら正しい用法となる。問題 054 の **CHECK 11** 参照。なお，④ enable は動詞なので不可。

056 　①　　　　　　　　　　　　　　　　〈capable の用法－be capable of doing〉

形容詞の語法　I never expected cruelty from him. I never thought he was **capable** of doing something so cruel and perverse.

（私は彼に残酷なところがあるなんて予想もしなかった。彼がとても残酷で意地の悪いことをするなんて，私は決して思いもしなかった）

➡ **capable** は **be capable of doing** の形で「…することができる」の意味を表す。問題 054 の **CHECK 11** 参照。

057 　④　　　　　　　　　　　　　　　　〈yet の用法－already, still との相違〉

副詞の語法　I'm hungry, but it isn't lunchtime **yet**.

（私は空腹だが，まだ昼食の時間ではない）

➡ **yet** は否定文で「まだ(…していない)」の意味を表す。通例文尾に置くことに注意。

➡ ① **already** は肯定文で「すでに(…した)」の意味で完了を表す。③ **still** は通例，肯定文・疑問文で用いられ「まだ(…している)」の意味で継続を表す。したがって，ともに不可。

---

058 ②
〈ever の用法〉

副詞の語法

That was the first Japanese food I had **ever** tasted.

(それは私が味わった最初の日本食だった)

➡ **ever**「これまでに／今までに」は通例疑問文で用いるが,本問のような「**the＋序数＋名詞＋(that) S have ever done**」「S が今まで～した…番目の～」や「**the＋最上級＋名詞＋(that) S have ever done**」「S が今まで～した中で一番…」の構造のときは例外的に肯定文で用いることに注意しよう。

059 ①
〈倍数表現―... times as＋原級＋as A〉

比較

The population of China is about **ten times as large as** that of Japan.

(中国の人口は日本の人口の約 10 倍です)

➡ 倍数表現は通例,「**... times as＋原級＋as A**」「A の…倍～」で表す。よって,① ten times as large as を選ぶ。

➡「A の 2 倍～」は「**twice as＋原級＋as A**」,「A の半分の～」は「**half as＋原級＋as A**」で表すこともここで押さえておこう。

060 ③
〈more＋原級＋than＋原級〉

比較

I was **more angry** than frightened.

(私は恐かったというよりむしろ怒っていた)

➡ 同じ人(物)の異なる性質を比べるときは,「**more A(原級)＋than B(原級)**」「B というよりむしろ A」の形を用いる。したがって,③ more angry を選ぶ。

➡ ② angrier は不可。I was angrier than であれば,than 以下には「私」の比較対象である「人」がくるはず。

061 ④
〈, still less ...〉

比較

I don't want my mother to find out about my boyfriend, **still less** my father.

(お母さんに私のボーイフレンドについて調べてもらいたくないし,ましてやお父さんにはなおさら調べてもらいたくない)

➡ 否定文・否定的内容の文に続けて,「**, still [much] less ...**」と置くことによって「…は言うまでもなく／ましてや…ない」の意味を表す。

062 ②
〈know better than to do〉

比較

You ought to **know better** than to go to such a dangerous place.

(そのような危険な場所に行くほど愚かであってはいけない)

➡ **know better than to do** は「…するほど愚かではない」の意味を表す。成句表現として押さえておこう。

063 ①
〈be responsible for A〉

形容詞を含む
イディオム

He is **responsible** for the damage, so he must pay for the repairs.

(彼はその損害に対して責任があるので,修理代を支払わなければならない)

➡ **be responsible for A**「A に対して責任がある」は重要イディオム。

➡ **pay for A**「A の代金を払う」も重要表現。

064 ①

副詞を含む
イディオム

〈every now and then〉

They are good friends although, of course, they argue **every now and then**.

（もちろん，彼らはときどき口論はするけれど，良い友だちです）

➡ **(every) now and then [again]＝sometimes**「ときどき」で押さえる。

➡ 同意表現の **once in a while／at times／on occasion／from time to time** も一緒に押さえておこう。

065 ④

名詞の語法

〈some＋不可算名詞－some advice〉

The teacher gave each child **some** advice.

（先生はそれぞれの子どもに忠告を与えた）

➡ **advice** は不可算名詞なので，不定冠詞 an はつかないし，複数形もない。また，some は「**some＋不可算名詞**」の形で「多少の…／いくらかの…」の意味を表すことに注意。ただし，漠然とした程度を表すので日本語訳に対応する語が現れないことが多い。

➡ ② many は不可。many は複数形の可算名詞につけることに注意。

➡ 以下に注意すべき不可算名詞をまとめておく。

●CHECK 12● 入試で狙われる不可算名詞

日本人には数えられると思われる名詞でも，英語では不可算名詞になっているものが狙われる。まとめてすべて記憶しておくこと。

□ **advice**「忠告」
□ **baggage**「手荷物」
□ **luggage**「手荷物」
□ **furniture**「家具」
□ **homework**「宿題」
□ **housework**「家事」
□ **information**「情報」
□ **machinery**「機械」
　（**machine** は可算名詞）
□ **news**「知らせ」

□ **poetry**「詩」
　（**poem** は可算名詞）
□ **scenery**「風景」
　（**scene** は可算名詞）
□ **damage**「損害」
□ **harm**「害」
□ **progress**「進歩」
□ **fun**「楽しみ」
□ **traffic**「交通（量）」
□ **weather**「天候」

＊advice から scenery までは **a piece of A**「1 個の A」，**two pieces of A**「2 個の A」などの形で数を表すことができる。

066 ①

名詞の語法

〈不可算名詞 room の意味－make room for A〉

He kindly made **room** for a man with an injured leg.

（親切にも，彼は足を負傷している男性に席を譲ってあげた）

➡ 不可算名詞の **room** は「余地／場所／空間」の意味を表し **room for A** の形で用いられることが多い。**make room for A**「A に席を譲る／場所をあける」は成句表現として押さえておく。

➡ 不可算名詞の room を用いた **There is no room for A**「A の余地はない」も頻出なので一緒に押さえておきたい。

067 ③

名詞の語法

〈a piece of A で数える不可算名詞－three pieces of toast〉

I'll have a cup of coffee and **three pieces of toast**.

（私はコーヒー 1 杯とトースト 3 枚をいただきます）

→ **toast** が bread「パン」や sugar「砂糖」などと同じ物質名詞であり，不可算名詞であることに気づけば，toast に不定冠詞の a はつかないし，複数形もないので，正答として③three pieces of toast を選べるはず。また，toast を具体的に数える場合には **a piece of A** のパターンが用いられる。本問のように「3枚のトースト」の場合には，piece を複数形にして **three pieces of toast** と表現することも押さえておきたい。

→「3枚のトースト」は piece の代わりに slice を用いて，**three slices of toast** とも表現できる。

---

068 ② 〈most of A の用法〉

代名詞の語法

I guess **most** of them went home.
（彼らの大半は帰宅したと私は思う）

→ **most of A** は「A の大半／ほとんど」の意味を表し，A には必ず定冠詞や所有格などで限定された名詞や目的格の代名詞が来ることを押さえる。したがって，② most を選ぶ。

→ most や almost を用いた表現は紛らわしいので以下にまとめておく。

> ● CHECK 13 ● **most, most of などの紛らわしい表現**
> 以下のように整理して覚えておく。
> (1) **most＋名詞＝almost all＋名詞**「(限定されない)大半の…」
> (2) **most of the＋名詞＝almost all (of) the＋名詞**
> 　　　　　　　　　　　　「(限定された特定の)…の大半」

---

069 ③ 〈one の用法―it との相違〉

代名詞の語法

"Have you ever seen a panda?" "Yes, I saw **one** in China last year."
（「パンダを見たことがありますか」「ええ，昨年，中国でパンダを見ました」）

→ **one** は可算名詞の反復を避ける代名詞で，「a＋可算名詞の単数形」を表し，不特定のものを指す。したがって，本問は不特定である a panda を表す③ one を選ぶ。

→ ② it にしないこと。**it** は「**the＋単数名詞(可算名詞および不可算名詞)**」を表し，特定のものを指すので，it を選ぶと，it＝the panda となり，「特定のそのパンダを見た」といった内容になり文意に合わなくなる。

---

070 ③ 〈one と相関的に用いる the other〉

代名詞の語法

I have two watches: one was made in Japan and **the other** in Switzerland.
（私は時計を2つ持っている。1つは日本製で，もう1つはスイス製です）

→ 対象が「2つ」の場合に，一方を **one** で，もう一方を **the other** で表す。この other は「他の物［事／人］」の意味を表す。本問は「残っているもうひとつの時計」を表すので，定冠詞の the で other を限定する必要がある。したがって，③ the other を選ぶ。

→ ① another は不可。**another** は「**an＋other**」と考えればよい。other に不定冠詞の an がついているわけだから，本問で another を選ぶと，「不特定の別の時計」を表し，最初の日本製の時計以外に複数の時計が存在することになり文意に合わない。

● CHECK 14 ●　相関的に用いる不定代名詞の 4 つの基本パターン

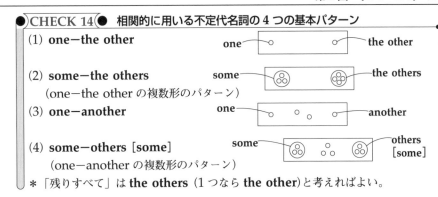

(1) **one―the other**　　　one ─── the other

(2) **some―the others**　　some ─── the others
　　(one―the other の複数形のパターン)

(3) **one―another**　　　one ─── another

(4) **some―others [some]**　some ─── others [some]
　　(one―another の複数形のパターン)

* 「残りすべて」は **the others** (1 つなら **the other**)と考えればよい。

071　②　　　　　　　　　　　　　　　　　　　　　〈some―others のパターン〉

代名詞の語法

Some doctors insist that vitamin C prevents cancer and helps to heal injuries, and **others** believe that it helps to avoid colds.

(ビタミン C は癌を予防し怪我をいやすのに役立つと主張する医者もいるし，ビタミン C は風邪の予防に役立つと信じている医者もいる)

➡ **some ... and others ～**は「…なものもあれば～なものもある」の意味を表す。問題 070 の **CHECK 14** の (4)のパターン参照。

➡ ① the all doctors は不可。all の前に定冠詞が先行することはない。all the doctors ならよい。

072　③　　　　　　　　　　　　　　　　　〈形容詞 other の用法―the other A〉

形容詞の語法

We looked at four cars today. The first two were too expensive, but **the other** ones were reasonably priced.

(今日，私たちは 4 台の車を見ました。最初の 2 台は値段が高すぎたけれど，他の 2 台はまずまずの値段だった)

➡ 形容詞の **other** には，**the other A** の形で名詞を修飾し「(2 つのうちで)もう一方の A／(3 つ以上のうちで)残り全部の A」の意味を表す用法がある。本問の場合は，文意から対象が 4 台の車であり but 以下の主語は「残りの 2 台」といった内容になるはず。よって，③ the other を選んで the other ones とつなげる。なお，**ones** は one の複数形で，前に出た名詞の複数形を表す不定代名詞。本問の ones は cars を表す。

➡ ① another はよくない。問題 070 で述べたように another は other に不定冠詞の an がついたものであるから，another を形容詞で用いる場合に修飾される名詞は，原則的には可算名詞の単数形になる。cars を受けた ones は複数形だから another ones といった形はあり得ない。② other もよくない。other ones にすると「最初の 2 台以外の不特定の別の車」といった内容になり，文意に合わない。

073　①　　　　　　　　　　　　　　　　　　　　　〈be on ... terms with A〉

名詞を含む
イディオム

They have been on bad **terms** ever since the holidays.

(彼らはその休暇以来ずっと仲の悪い間柄である)

➡ terms「間柄」を用いた **be on ... terms (with A)**は「(A と)…の間柄である」の意味を表す。成句表現として押さえる。

➡ bad 以外にも **good, friendly, speaking, visiting** などが用いられる。
　　I am on *speaking* terms with Tom.
　　(トムとは話をする程度の仲だ)

074　③ 〈in the long run〉

名詞を含む
イディオム

It pays in the long **run** to buy goods of high quality.
(長い目でみれば，品質の良いものを買うのはそれだけの価値があるものだ)

➡ **in the long run**「長い目でみれば／結局は」は頻出イディオムとして押さえる。

➡ 本問の **pay** は自動詞で「割に合う／利益になる」の意味を表す。この pay の用法
も頻出なので押さえておこう。

075　① 〈by all means〉

名詞を含む
イディオム

This information is very important.　You have to give it to him by all
means.
(この情報はとても重要です。ぜひともあなたはそれを彼に伝えなければならない)

➡ **by all means** は「ぜひとも」の意味を表す重要イディオムとして押さえる。

076　② 〈out of A's reach〉

名詞を含む
イディオム

You should put the medicine bottle out of children's **reach**.
(その薬のビンは子どもの手の届かないところに置いておきなさい)

➡ **out of (A's) reach**「(A の)手の届かないところに」は重要イディオムとして押さ
える。

●CHECK 15● **out of** を用いた重要イディオム

□ **out of the question**「論外な／問題にならない」
□ **out of order**「故障して」
□ **out of date**「時代遅れの[で]」
□ **out of sight**「見えなくなって」
□ **out of fashion**「すたれて」
□ **out of the way (of A)**「(A の)じゃまにならないように」
□ **out of (A's) reach**「(A の)手の届かないところに」

077　② 〈on purpose＝deliberately〉

名詞を含む
イディオム

It was an accident; the boys didn't break the window on **purpose**.
(それは事故だった。少年たちはわざと窓を割ったのではなかった)

➡ **on purpose＝deliberately** [intentionally]「故意に」で押さえる。

➡ on purpose の反意表現として **by accident** [chance]＝**accidentally**「偶然に」
も一緒に押さえておこう。

078　④ 〈on sale〉

名詞を含む
イディオム

When you go into a Japanese supermarket or drugstore, you will see lots
of foreign goods **on** sale.
(日本のスーパーやドラッグストアに行けば，たくさんの外国製品が販売されているの
がわかるでしょう)

➡ **on sale**「販売されて」は頻出イディオム。

➡ sale を用いた **for sale**「売り物の」も一緒に押さえる。

079　the 〈the＋比較級＋of the two〉

比較

John is **the** taller of the two.
(ジョンのほうが 2 人のうちでは背が高い)

→「**the＋比較級＋of the two(＋複数名詞)**」の形で「2 つ[2 人]の中でより…」の意味を表す。「2 つ[2 人]の中でより…なもの」という場合はそれ自体特定のものになるので，比較級の前に定冠詞が必要。よって，the が正答となる。

080　taste または liking　〈to A's taste〉

名詞を含む
イディオム

The design of this garden is exactly to my **taste** [**liking**].
(この庭の造りは僕の好みにぴったりだ)

→ **to A's taste＝to A's liking**「A の好みに合って」で押さえる。

081　person　〈in person〉

名詞を含む
イディオム

I can't attend the meeting tomorrow in **person**.
(私自身は明日の会議には出席できません)

→ **in person**「自分で／本人で」は頻出イディオムとして押さえておこう。

082　particular　〈be particular about A〉

形容詞を含む
イディオム

You are too **particular** about food.
(君は食べものにやかましすぎるんだよ)

→ **be particular about A**「A について好みがうるさい」は頻出イディオムとして押さえる。

083　difficulty または trouble　〈have difficulty (in) doing〉

名詞を含む
イディオム

動名詞

It was raining this morning, so I had **difficulty** [**trouble**]　getting a taxi.
(今朝雨が降っていたので，タクシーを拾うのに苦労した)

→ **have difficulty** [**trouble**] **(in) doing** は「…するのが難しい／苦労する」意味を表す重要表現。本問のように in が省略されることも多いことに注意。

→ **have no difficulty** [**trouble**] **(in) doing**「…するのが容易だ／難なく…する」もよく狙われるので一緒に押さえておこう。

084　it, sell　〈形式目的語の it－find it＋形容詞＋to do〉

代名詞の語法

We find **it** difficult to **sell** cigarettes.
(われわれは煙草を売ることが困難だと思っています)

→ 2 番目の空所に sell は容易に入るはず。最初の空所は他動詞 find の直後にあるので，to sell cigarettes を受ける目的語が必要。したがって，形式目的語の it が入る。「**S＋V＋O＋C**」の第 5 文型で，不定詞を目的語にする場合，必ず形式目的語の it を用いて不定詞を後置し，「**S＋V＋it＋C＋to do**」の形にする。「**find it＋形容詞＋to do**」は「…するのは～だとわかる[思う]」の意味。

085　no, less または fewer　〈no less than A〉

比較

On board the plane were **no less** [**fewer**] than 500 passengers.
(その飛行機には 500 人もの乗客が乗っていた)

→ **no less than A** は「A も(たくさん)」の意味を表す重要表現。なお，本問のように A に可算名詞の複数形がくる場合には less の代わりに fewer も可。

→ **no less than A** と形が似ている表現 **not less than A, no more than A, not more than A** は，no less than A も含めてなかなか覚えにくい。以下にまとめておくので意味の違いを確認しておこう。

●CHECK 16● **no more than A** など
- □ **not more than A** 「多くとも A」＝**at most A**
- □ **not less than A** 「少なくとも A」＝**at least A**
- □ **no more than A** 「わずか A／A しか…ない」＝**only A**
- □ **no less than A** 「A も（たくさん）」＝**as many as A**（数の場合），**as much as A**（量の場合）

086 ② （→than）　　　　　　　　　〈A is 比較級＋than any other＋単数名詞〉

[比較]
Tom is a far better fielder **than** any other player in the team.
（トムはチームの中のどの選手よりもずば抜けてうまい野手です）

➡ 比較表現で最上級の意味を表す「**A is＋比較級＋than any other＋単数名詞**」（動詞は be動詞と限らないが，便宜的に is で表記しておく）「A は他のいかなる～よりも…」が本問の狙い。なお，本問の far は比較級の強調表現。

➡ 「**A is＋比較級＋than any other＋単数名詞**」と同じように最上級の意味を表す同意表現である「**No (other)＋名詞＋is＋比較級＋than A**」や「**No (other)＋名詞＋is so [as]＋原級＋as A**」も頻出。また，「no other＋名詞」の代わりに nothing を用いた最上級的意味を表す定式化した原級表現の「**Nothing is so [as]＋原級＋as A**」＝「**There is nothing so [as]＋原級＋as A**」，そして比較級表現の「**Nothing is＋比較級＋than A**」＝「**There is nothing＋比較級＋than A**」＝「**A is＋比較級＋than anything else**」も頻出。以下にまとめておくのでしっかり確認しておこう。

●CHECK 17● **最上級の意味を持つ原級・比較級表現**
Mt. Fuji is the highest of all the mountains in Japan.（最上級）
　　　（富士山は日本で一番高い山だ）
　＝No other mountain in Japan is so [as] high as Mt. Fuji.（原級）
　＝No other mountain in Japan is higher than Mt. Fuji.（比較級）
　＝Mt. Fuji is higher than any other mountain in Japan.（比較級）
Time is the most precious thing of all.（最上級）
　　　（時間は一番貴重である）
　＝Nothing is so [as] precious as time.（原級）
　＝There is nothing so [as] precious as time.（原級）
　＝Nothing is more precious than time.（比較級）
　＝There is nothing more precious than time.（比較級）
　＝Time is more precious than anything else.（比較級）

087 ① （→countries）　　　　　　　　　〈only a few の用法〉

[形容詞の語法]
Only a few **countries**, such as the Netherlands, already have computers in nearly every school.
（ほんの数少ない国だが，オランダのような国は，ほぼすべての学校にすでにコンピューターが導入されている）

➡ **only a few** は「**only a few＋複数名詞**」の形で「ほんの少しの…」の意味を表す。few につづく名詞が単数名詞ではなく必ず複数名詞であることに気づけば正答を導き出せるはず。

088　④（→exciting）　　　　　　　　　　〈現在分詞から派生した分詞形容詞－exciting〉

形容詞の語法　I enjoyed the football game very much. It was quite **exciting**.

（私は大いにサッカーの試合を楽しんだ。それはとてもわくわくする試合であった）

➡④ excited は，通例，「人」を目的語にとって感情に影響を与える他動詞 excite「…を興奮させる」の過去分詞から派生した分詞形容詞（分詞が完全に形容詞化したもの）である。そのような分詞形容詞は「（人が）…させられて」という受動的な意味を表す。つまり，**excited**「わくわくして」の元々の意味は「人が興奮させられて」になる。また，excited が主格補語で用いられる場合，主語は原則として「人」になる。本問の主語は「人」でなく It なので，そこに着目すれば④ excited が間違いだと気づくはず。本問は excited を exciting に訂正すれば正しい英文となるが，exciting のように，「人」を目的語にとって人の感情に影響を与える他動詞の現在分詞から形容詞化した分詞形容詞は，目的語を補った他動詞の意味とほぼ同じ意味になる。つまり，「人を[に]…させる（ような）」という能動的な意味になると押さえる。分詞形容詞 **exciting** の本来の意味は「（人を）わくわくさせる（ような）」になると考えればよい。

➡現在分詞から派生した分詞形容詞も過去分詞から派生した分詞形容詞も頻出なので，代表的なものを以下にまとめておく。

●CHECK 18●　**感情表現の他動詞の現在分詞から派生した分詞形容詞**

□ **amazing**「驚嘆すべき←人を驚嘆させる」
□ **annoying**「うるさい←人をいらいらさせる」
□ **boring**「退屈な←人を退屈にさせる」
□ **confusing**「わけのわからない←人を混乱させる」
□ **disappointing**「期待はずれの←人を失望させる」
□ **exciting**「刺激的な←人をわくわくさせる」
□ **interesting**「おもしろい←人に興味を引き起こす」
□ **moving**「感動的な←人を感動させる」
□ **pleasing**「楽しい←人を喜ばせる」
□ **satisfying**「満足のいく←人を満足させる」
□ **shocking**「衝撃的な←人をぎょっとさせる」
□ **surprising**「驚くべき←人を驚かせる」
□ **tiring**「きつい←人を疲れさせる」

●CHECK 19●　**感情表現の他動詞の過去分詞から派生した分詞形容詞**

□ **amazed**「驚嘆して←驚嘆させられて」
□ **annoyed**「いらいらして←いらいらさせられて」
□ **bored**「退屈して←退屈させられて」
□ **confused**「混乱して←混乱させられて」
□ **disappointed**「失望して←失望させられて」
□ **excited**「わくわくして←興奮させられて」
□ **interested**「興味があって←興味を引き起こされて」
□ **moved**「感動して←感動させられて」
□ **pleased**「喜んで／気に入って←喜ばせられて」
□ **satisfied**「満足して←満足させられて」
□ **shocked**「ぎょっとして←ぎょっとさせられて」
□ **surprised**「驚いて←驚かされて」
□ **tired**「疲れて←疲れさせられて」

> ＊これらの過去分詞から派生した分詞形容詞が主格補語で用いられる場合，原則として主語は「人」になる。

089 ③（→not surprising） 〈surprising の用法－surprised との相違〉

形容詞の語法

There is seemingly so little love shared in this world. It is **not surprising** that we ask, "Where have all the lovers gone?"

（見たところ，この世界にはともにわかちあう愛がきわめて少ししかないようである。「愛する人たちは皆どこに行ってしまったのだろう」と私たちが疑問に思うのも驚くべきことではない）

➡ ③の中で用いられている分詞形容詞 **surprised**「驚いて←（人が）驚かされて」は，本問のように主格補語で用いられる場合，主語は「人」になるのであった。そこに注目すれば正答が得られるはず。本問は surprised を **surprising**「驚くべき←人を驚かせる（ような）」に訂正すれば正しい英文となる。問題 088 参照。

090 ④（→confused） 〈confused の用法－confusing との相違〉

形容詞の語法

Yesterday you told me one thing and Ben told me another. I don't know what to do. I'm quite **confused**.

（昨日，あなたとベンは私にまったく違うことをいいました。私はどうしたらよいかわかりません。とても混乱しています）

➡ ④ **confusing**「わけのわからない←人を混乱させる（ような）」のままだと，前述の内容に合わない英文になる。つまり，I'm quite confusing. は「私はまったく人を混乱させる人間だ」の意味になる。本問は，confusing を **confused**「混乱して←（人が）混乱させられて」にすれば文意にあった正しい英文となる。問題 088 参照。

091 〈be likely to do〉

形容詞を含む
イディオム

語順

Wet weather **is likely to continue for a few more** days.

（雨の日がもうしばらく続きそうだ）

➡ **be likely to do**「…しそうである」を用いて英文を完成させる。

➡ **more**「より多くの」の位置に注意。この用法の more は a few, some, any, no, 数詞などの後に置く。たとえば，「あと6日間」であれば，for more six days ではなくて **for six more days**（まれに for six days more）と表現する。本問の場合も，a few の後に more を置き **for a few more days** とまとめなければならない。more の位置を誤って，for more a few days とか for a more few days にしないように注意しよう。この more を含んだ語順は正誤問題にも頻出。

092 〈not so much as do〉

比較

She cannot so much as write her own name.

（彼女は自分の名前を書くことさえできない）

➡ **not so much as do**「…さえしない」の表現を用いて英文をまとめる。not so much A as B「A というよりはむしろ B」と紛らわしいので注意したい。

➡ **without so much as doing**「…さえしないで」もここで一緒に押さえておきたい。

> Jane departed *without so much as saying* good-bye.
> （ジェインはさよならも言わないで出発した）

093
比較
〈the＋比較級 ..., the＋比較級 ～〉

The longer you put off your work, **the less inclined you will be to** do it.　〈not 不要〉

（仕事は先延ばしにするほどやりたくなくなるものだ）

➡「**the＋比較級 ..., the＋比較級 ～**」は「…すればするほど，ますます～」の意味を表す。本問は主節にあたる「the＋比較級 ～」の箇所を作る。まず慣用表現の **be inclined to do**「…したい気になる」を用いた英文 you will be inclined to do it を想定し，inclined が「the+比較級」の形になった the less inclined を文頭に置く。なお，本問の **less** は原級の形容詞や形容詞化した分詞の前に置き「より…ない」といった否定の意味を形成する副詞。

094
比較
〈No other＋名詞＋V ... so＋原級＋as A〉

Of all the novels I've read so far, **no other has moved me so much as** this one.

（今までに読んだすべての小説の中で，これほど感動したものは他になかった）

➡最上級的な意味を内在している原級表現「**No other＋名詞＋V ... so [as]＋原級＋as A**」「A ほど～に…するものはない」を用いて英文をまとめる。主語の「No other＋名詞」は no other novel とするところだが，名詞の novels が先に書かれているので主語は novel を省略した no other とする。動詞部分は has moved me とまとめて，「so＋原級＋as A」は副詞の much を用いて so much as this one とすればよい。

➡最上級の意味を表す原級および比較級表現は問題 086 参照。

095
比較
〈A is no more B than C is D〉

I **can no more play the violin than a baby can**.

（僕はバイオリンをひくことにかけては赤ん坊同然だ）

➡**A is no more B than C is D**（動詞は be動詞と限らないが，便宜的に is で表記しておく）「C が D でないように A は B でない／A が B でないのは C が D でないのと同様である」の頻出重要表現を知っていることが前提。まず，「A is no more B」を I can no more play the violin と表現する。than 以下は，否定的な内容を含むが形は肯定になるので，「C is not D」としないことに注意。また「C is D」の箇所に A is no more B と共通語句がある場合は，省略することが多い。本問の「C is D」にあたる箇所 a baby can (play the violin) はカッコの部分を省略して表現する。

➡**A is no more B than C is D** と同意表現の **A is not B any more than C is D** もここで押さえる。

096
代名詞の語法
〈There is nothing the matter with A〉

There is nothing the matter with him.　〈ill 不要〉

（彼はまったく具合の悪いところはない）

➡代名詞 nothing を用いた慣用表現 **There is nothing the matter with A**「A はどこも悪いところがない」を用いるのがポイント。同意表現の **There is nothing wrong with A＝Nothing is the matter with A＝Nothing is wrong with A** も頻出。

➡something を用いた慣用表現 **Something is wrong [the matter] with A＝There is something wrong [the matter] with A**「A はどこか調子が悪い」

も一緒に押さえておこう。

097 〈one の用法―the one〉

代名詞の語法

This book is different from the one I ordered yesterday.

(この本は昨日注文したのとは違います)

➡ 問題 069 で扱った**可算名詞の反復を避ける代名詞 one** は名詞と同様に，関係詞節や修飾語がついて**限定されると定冠詞がつく**。本問は，the book の内容を表す先行詞 the one の後に，目的格関係代名詞 which [that] を省略した関係代名詞節の I ordered yesterday を続けられるかがポイント。

098 〈that の用法／be similar to A〉

代名詞の語法
形容詞を含む
イディオム

Most Japanese schools abroad offer a curriculum similar to that in Japan.

(たいていの海外日本人学校のカリキュラムは，日本におけるカリキュラムとほぼ同じものである)

➡ **that は名詞の反復を避ける代名詞**で，「**the＋単数名詞(不可算名詞および可算名詞の単数形)**」を表す。本問は他動詞 offer の目的語をどうまとめるかがポイントだが，まず，offer の後に a curriculum を持ってきて，それに similar to A の形容詞句を続ける。A には the curriculum in Japan を表す that in Japan を置けばよい。

➡ **be similar to A**「A と似ている」は頻出イディオム。本問は similar to A を名詞の後に置いて後置修飾する形。

099 〈注意すべき wonder の意味―It is no wonder that-節〉

名詞の語法

It is no wonder that he should say such things.

(彼がそんなことを言うのも無理はない)

➡ **wonder**「驚き／不思議」は **It is no wonder that-節**の形で「…は少しも不思議ではない」の意味を表す。この定式化された表現を用いて英文をまとめる。

➡ It is と that が省略された **No wonder S＋V ...** の形があることも押さえておこう。

100 〈those present「出席者」〉

代名詞の語法
動詞を含む
イディオム

Dr. Smith's lecture left a deep impression on the minds of those present.

〈theirs 不要〉

(スミス博士の講義は，出席していた人々の心に深い印象を残した)

➡ 代名詞 those を用いた慣用表現 **those present**「出席者」を知っているかどうかがポイント。本問は **leave [make] a deep impression on A**「A に深い感銘を与える」の A の箇所を the minds of those present「出席者の心」とまとめればよい。

Part 3 は関係詞／疑問文／強調構文／接続詞などを中心に，文構造や文意が正答のポイントとなることが多く，その意味では，実力が問われる範囲と言える。これまでの 3 回の中で，第 3 回の得点がいちばん低い諸君は，解説を熟読し，誤答の問題を中心に再度チャレンジすること。

101	③	102	②	103	③	104	①
105	④	106	①	107	②	108	④
109	①	110	②	111	④	112	③
113	②	114	②	115	③	116	①
117	③	118	③	119	④	120	①
121	④	122	③	123	②	124	③
125	②	126	②	127	③		

128	During または In	129	all
130	last	131	had
132	not, but		

133	①	134	③	135	②	136	①
137	④	138	①	139	①	140	①

141	There are lots of similarities between tigers and cats.
142	You should have used the money for paying your debts instead of buying a car.
143	Speakers of the same language do not always speak it in the same way.
144	I never hear that song without remembering my high school days.
145	The wind which blows from the sea is pleasant.
146	Those who know little about it should hold their tongue.
147	Can you imagine what the coming century will be like?
148	What made you tell such a lie to the teacher? 〈why 不要〉
149	I doubt whether you'll believe what I'm going to say. 〈which 不要〉
150	It will be some time before she gets over her cold.

第3回

解答・解説

101 ③ 〈今からの経過を表す in〉

前置詞

Please have a good vacation. I'll see you **in** a week.
(すてきな休暇をお過ごしください。1週間したらお会いしましょう)

➡ 今からの経過を表す **in**「今から…で／…経つと」を入れる。「…以内に」の意味では **within** を使うことも押さえておこう。

102 ② 〈単位を表す by〉

前置詞

In Japan most workers are paid **by** the month.
(日本ではほとんどの労働者が月ぎめで給与を支払われている)

➡ 単位を表す **by the A**「A 単位で／A ぎめで」を入れる。必ず the を用いる点，A には単位を表す名詞が来る点を押さえておこう。**by the dozen**「ダース単位で」／**by the pound**「ポンド単位で」／**by the hour**「時間ぎめで」などの表現で問われる。

103 ③ 〈時間を表す in / on / at の基本用法−on Sunday〉

前置詞

On Sunday, I'll meet my friend from Australia.
(日曜日に私はオーストラリア出身の友人と会います)

➡「日」を表すときには ③ On を用いる。

●CHECK 20● **時間を表す in / on / at の基本用法**

(1) **in**−幅のある期間に用いる。
　　・*in* 1997「1997 年に」　・*in* (the) summer「夏に」　・*in* March「3 月に」
(2) **on**−「日」を示す場合に用いる。
　　・*on* Sunday「日曜に」　・*on* August 20(th)「8 月 20 日に」
(3) **at**−時の 1 点を示す場合に用いる。
　　・*at* five o'clock「5 時に」
＊なお，一般的な朝・午後・夜などを示す場合は，**in the morning／in the evening** など in を用いるが，特定の朝・午後・夜などを示す場合や形容詞が修飾している場合は **on Monday morning／on a quiet afternoon** など on を用いる。この点は，正誤問題などでも頻出。

---

104 ① 〈by「…までには」と until「…まで(ずっと)」〉

前置詞

If we take a taxi, we'll get home **by** 8 p.m.
(もしタクシーに乗れば，午後 8 時までには家に着くだろう)

➡ **by**「…までには」は動詞の行為の期限を表すのに対し，**前置詞 until [till]**「…まで(ずっと)」は動詞の継続した状態・動作の終了の時点を表す。日本語の違いだけでも判断できる。本問は，文意から「8 時までには」となるはず。

➡ 接続詞 **by the time**「…するまでには」，接続詞用法の **until [till]**「…するまで(ずっと)」も同じように考えればよい。

105 ④ 〈特定の晩−on Friday evening〉

前置詞

I'll leave Tokyo for Honolulu **on** Friday evening.
(私は金曜の晩に東京からホノルルに向かいます)

➡ 問題 103 の **CHECK 20** でまとめたように，一般的な夕方[晩]などを表すときは **in the evening** など in を用いるが，特定の夕方[晩]などを表すときには **on Friday evening** など on を用いる。

106 ①
前置詞
〈賛成の for／反対の against〉

The controversy over the construction of the new power plant is now at its height. Are you **for** or against the plan?
（新しい発電所の建設をめぐる論議は今，最高潮を迎えている。君はその計画に賛成ですか，それとも反対ですか）
➡ 賛成の意味を表す前置詞は **for**，反対の意味を表す前置詞は **against** である。どちらも頻出。

107 ②
前置詞
〈in ink「インクで」〉

I was asked to write my name **in** ink.
（私はインクで自分の名前を書くよう求められた）
➡ **in ink**「インクで」は成句として押さえる。

108 ④
主語と動詞
の一致
〈学問の名 mathematics「数学」─単数扱い〉

Mathematics **is** very difficult for me.
（数学は私には非常に難しい）
➡ 形は複数形でも，1 つの事柄を指す場合，単数で受ける。**mathematics**「数学」のような学問の名前はその代表例。以下，まとめておく。

● CHECK 21 ● 　形は複数形でも単数扱いの語
(1) 国・団体・雑誌などの名前
　　the United States「アメリカ合衆国」，**the United Nations**「国際連合」，**the Times**「タイムズ紙」など
(2) 学問・学科・ゲーム・病気などの名前
　　linguistics「言語学」，**statistics**「統計学」，**mathematics**「数学」，**billiards**「玉突き」，**measles**「はしか」など
(3) 時間・金額・距離・重量などを表す語

109 ①
関係詞
〈関係代名詞の基本用法─主格関係代名詞 who〉

He is a person **who** really likes to eat.
（彼は本当に食べるのが好きな人です）
➡ a person という「人」が先行詞で，空所の後に likes という動詞が続いているので，「人」を先行詞とする主格関係代名詞の ① **who** が入る。先行詞と関係代名詞の基本用法との関係は以下のとおり。

● CHECK 22 ● 　関係代名詞の格変化

先行詞 ＼ 格	主格	所有格	目的格
人	who [that]	whose	whom [that]
人以外	which [that]	whose	which [that]

＊目的格関係代名詞は省略されることが多い。

110 ② 〈所有格関係代名詞 whose〉

関係詞

She is a famous singer **whose** songs many people sing.

（彼女は，多くの人々がその歌を歌う有名な歌手です）

➡ 本問は，以下の2文が文構造の前提である。

$$\left\{\begin{array}{l} \text{She is } \textit{a famous singer}. \\ \text{Many people sing } \textit{her} \text{ song.} \end{array}\right.$$

➡ 所有格の her を whose にして，直後の名詞 song をひきつれて，節の頭に持ってきたのが，本問の英文である。このように，**whose は直後に名詞を伴うことに注意**。また，本問の先行詞は「人」だが，「人以外」であっても，**所有格関係代名詞は whose を用いる**ことを確認しておこう。

111 ④ 〈前文の文内容が先行詞−非制限用法の which〉

関係詞

I ate too much, **which** was a big mistake.

（私は食べすぎてしまったが，それが大きな間違いだった）

➡ 関係詞の前にカンマを置いて，先行詞を付加的に説明する用法がある。この用法は**非制限用法**と呼ばれる。これに対し，カンマを用いない用法は**制限用法**と呼ばれる。**非制限用法で用いられる関係代名詞は which／who／whose／whom／「前置詞＋whom」／「前置詞＋which」で，通例 that は用いられない**ことに注意。また**目的格関係代名詞であっても省略できない**ことも押さえておく。

➡ 関係代名詞 which は非制限用法の場合に限って，**前文全体またはその一部の文内容を先行詞と想定して用いる**ことがある。本問は，前文全体の文内容を先行詞として，主格で ④ which が用いられることになる。非制限用法で that は使えないので，② that は不可。

112 ③ 〈関係代名詞 what の用法〉

関係詞

I will do **what** I can for you.

（私は君のためにできることはやります）

➡ 関係代名詞 what は**名詞節を形成する**。the thing(s) which に相当する表現で，**先行詞はない**。what 自体は節内で主語・目的語・補語・前置詞の目的語といった名詞の働きをし，what-節全体も文の主語・目的語・補語・前置詞の目的語といった名詞の働きをする。

➡ 本問は can の後に主節動詞との共通語である do が省略されている。what 自体は can (do) の目的語となっており，what-節全体は will do の目的語となっている。

113 ② 〈名詞節を導く接続詞 that〉

接続詞

The trouble is **that** I have no money with me.

（困ったことに，私はお金を持っていない）

➡ 接続詞 that には，文中で主語・目的語・補語となる**名詞節を形成する**用法がある。ただし，that-節は原則として前置詞の目的語にはならない。本問は補語となる名詞節を形成しているが，**The trouble is that ...「困ったことに…←困ったことは…であることだ」**は定式化した表現でもある。

➡ ①what を入れないこと。問題 112 で述べたように what は，その節内で主語・目的語・補語・前置詞の目的語になるはずだが，本問は空所以降に完結した文が来ている。そのような場合は接続詞の that が入る。言いかえれば，**空所の後に完結した文が来れば接続詞 that，空所の後に名詞が欠けた表現が来れば what** である。関係代名詞 what と接続詞 that の違いは頻出なので，問題 112 と本問で正確に見分

けられるようにしておこう。

114 ②　　　　　　　　　　　　　　　　　　〈命令文 ..., or 〜「…しなさい，さもなければ〜」〉
接続詞

Replace the desks as they were, **or** the teacher will get angry.

(机をもとのように戻しておかないと，先生が怒るよ)

→ **命令文 ..., or 〜**「…しなさい，さもなければ〜／…しなければ〜」と，**命令文 ..., and 〜**「…しなさい，そうすれば〜／…すれば〜」の違いは重要。本問では文意から，前者を選ぶ。

→ ③before，④if は空所以下の動詞が will get になっているので，文法的に不可。時・条件の副詞節では未来のことでも現在時制を用いるのであった。問題014 参照。

→ as they were の **as** は「…するように」という様態を表す接続詞であることも確認しておこう。

115 ③　　　　　　　　　　　　　　　　　　　　　　　　〈接続詞 when〉
接続詞

Many embarrassing situations occur **when** people live in a different culture.

(人々が異なった文化で生活していると，やっかいな状況が数多く生じる)

→ 文意からして接続詞の③ **when**「…するとき」を入れるのは明らかであろうが，他の選択肢は文法的にも不可であることも確認しておこう。① that を入れて名詞節を作っても，that-節は本英文の主語・目的語・補語のいずれにもなれない。②what は空所の後に完結した文が来ているので不可。④ which は，先行詞もないし，空所の後に完結した文が来ていることからも，不可。

116 ①　　　　　　　　　　　　　　　　　　〈until「…するまで(ずっと)」〉
接続詞

In everything—learning a foreign language or driving a car—it is necessary to practice **until** you can do it automatically.

(外国語を勉強するとか車を運転するとかいったあらゆることにおいて，無意識のうちにできるようになるまで練習することが必要である)

→ 文意から接続詞の① **until**「…するまで(ずっと)」を入れる。問題104 参照。それ以外の選択肢は文意に合わない。

117 ③　　　　　　　　　　　　　　　　　〈接続詞 as far as と as long as〉
接続詞

As far as the eye could reach, the fields were covered with snow.

(見渡す限り，野原は雪におおわれていた)

→ 接続詞 **as [so] far as** は「…する限り(では)」という意味で**範囲・制限**を表すが，**as [so] long as** は**時・条件**を表し，「…する限り／…する間(＝while)，…しさえすれば(＝if only)」の意味となる。日本語では区別がつかない場合が多いので，表す内容をはっきりとさせること。それでも判断がつきにくければ，while または if (only) に置きかえられれば as [so] long as，置きかえられなければ as [so] far as と考えておけばよい。

→ 本問は範囲・制限を表すので③ As far as の形にする。while や if (only) には置きかえられない。

118 ③　　　　　　　　　　　　　　　〈as [so] long as「…する間／…する限り」〉
接続詞

As long as I know the money is safe, I will not worry about it.

(お金が安全だとわかっている限り，私は悩んだりしない)

➡ 文意から，時・条件を表す ③ **As long as** を入れる。問題 117 参照。

119 ④　　　　　　　　　　　　　　　　　　　　〈in spite of A「A にもかかわらず」〉

群前置詞

They played soccer **in spite of** the rain.

(雨が降っていたにもかかわらず，彼らはサッカーをした)

➡ 群前置詞の ④ **in spite of A**「A にもかかわらず」を入れる。① although は接続詞なので，後には「S+V ...」の形が来る。although it rained なら可。

➡ **in spite of A** の同意表現として **despite A／for all A／with all A** を押さえておこう。

120 ①　　　　　　　　　　　　　　　　　　　　　〈because of A「A の理由で」〉

群前置詞

Because of the new subway construction, buses are always late.

(新しい地下鉄の工事のために，バスはいつも遅れている)

➡ 群前置詞の ① **Because of A**「A の理由で」を入れる。その他の選択肢はすべて接続詞なので，不可。

➡ **because of A** の同意表現として **on account of A／owing to A／due to A** を押さえておこう。

121 ④　　　　　　　　　　　　　　　　　　　　　〈thanks to A「A のおかげで」〉

群前置詞

Thanks **to** your advice, we were safe.

(あなたの助言のおかげで，私たちは無事だった)

➡ 群前置詞の **thanks to A**「A のおかげで」を作る。この表現は，良いことだけでなく悪いことにも使うので注意。

122 ③　　　　　　　　　　　　　　〈with a view to doing「…する目的で」〉

群前置詞

He kept his eyes open with a **view** to getting any information which might be to his benefit.

(自分のためになるような情報はどんなものでも見つけ出そうとして，彼は目を見開いていた)

➡ 群前置詞の **with a view to A / doing**「A の／…する目的で」を作る。この to は不定詞を作る to ではないことも確認しておこう。

➡ 同意表現の **for the purpose of doing** も押さえておこう。

123 ②　　　　　　　　　　　　　　　　　　〈否定文 ..., either「…もまた…ない」〉

否定

You don't understand him, and I don't **either**.

(君は彼を理解していないし，私もまた理解していない)

➡ 肯定文で「…もまた(…である)」の意味を表す場合は文尾に「..., too.」を置くが，否定文で「…もまた(…でない)」の意味を表す場合は文尾に「..., either.」を置く。本問のようにカンマをつけない場合もある。

124 ③　　　　　　　　　　　　　　　　　　　　　　　〈命令文の付加疑問〉

疑問文

"Have a cup of tea, **won't you ?**"　"Yes, please."

(「お茶を一杯どうですか」「ええ，いただきます」)

➡ 肯定の命令文の付加疑問は，「..., won't [will] you ?」のいずれの形も用いる。本問は，will you でも正答になる。

➡ 否定の命令文の付加疑問は，「..., will you ?」で表す。

125 ②　　　　　　　　　　　　　　　　　　　　　〈Let's ... の文の付加疑問〉

疑問文　Let's eat out tonight, **shall** we ?

（今晩，外で食事をしましょうよ）

➜ **Let's ... の文の付加疑問は，「..., shall we ?」で表す。**

126 ②　　　　　　　　　　　　　　　　　〈It is ... that ～ の強調構文の考え方〉

強調　**It was during** the ice age that the saber-toothed tiger became extinct.

（剣歯トラが絶滅したのは氷河時代であった）

➜ **It is ... that ～**「～するのは…だ」の形で，強調する語句を **It is** と **that** ではさんだものを強調構文という。強調構文で強調できるのは名詞表現と副詞表現で，形容詞表現と動詞表現は不可。また，名詞表現で「人」を強調する場合は **that** の代わりに **who** や **whom** を，「人以外」を強調する場合は **which** を用いることもある。

➜ 本問の英文を通常の文にすると以下のとおり。

　　The saber-toothed tiger became extinct during the ice age.
　　　　　　㋐　　　　　　　　　　　　　　　　　　　　　㋑

　　本問は㋑の副詞表現を強調したものだが，㋐の名詞表現も以下のように強調できる。

　　It was *the saber-toothed tiger* that [which] became extinct during the ice age.

127 ③　　　　　　　　　　　　　　　　　　　　　〈what is more 「その上」〉

関係詞　Robert is a good scholar, and, **what is more**, a good teacher.

（ロバートはすぐれた学者であり，その上，すぐれた教師でもある）

➜ 「**what is＋比較級**」の形で，副詞表現を作るパターンがある。**what is more**「その上」／**what is worse**「さらに悪いことには」／**what is more important**「さらに重要なことには」などは必ず押さえておこう。

128　During または In　　　　　　　　　　　　　　　　　〈during と for〉

前置詞　(a) While he was absent, his wife was in charge of the business.

　　　(b) **During [In]** his absence, his wife was in charge of the business.

(a)(b)（彼がいない間，彼の妻がその仕事を行なった）

➜ 前置詞 **during**「…の間」は通例，定冠詞などのついた語句を従えて「**特定の期間**」を表す。「…の間」を表す前置詞には **for** もあるが，これは通例，数詞などのついた期間を表す語句を従えて，単に「**期間の長さ**」を表すだけなので，本問では使えない。**for a week**「1週間の間」，**during the week**「その週の間」，**during the vacation**「その休暇中」などでその違いを確認しておこう。

➜ 本問の場合，空所の後が his absence なので **in A's absence**「A のいないときに」の成句表現を作ることもできる。

129　all　　　　　　　　　　　　　　　　　　　〈for all A 「A にもかかわらず」〉

群前置詞　(a) Though he is very rich, he is not happy.

　　　　(b) For **all** his riches, he is unhappy.

(a)（彼はとても裕福だが，幸せではない），(b)（財産があるにもかかわらず，彼は不幸である）

➜ (a)で与えられた譲歩節の意味を，問題119で述べた **for all A**「A にもかかわらず」を用いて表現する。

130　last　　　　　　　　　　　　　〈the last A＋関係代名詞節「もっとも…しそうにない A」〉

否定

(a) I never expected to see my old girlfriend in London.

(b) My old girlfriend was the **last** person I expected to see in London.

(a) (私はロンドンで私の昔のガールフレンドに会うなんて思ってもいなかった),

(b) (私の昔のガールフレンドは, 私がロンドンで会うなんて思ってもいなかった人だ)

➡ 「**the last A＋関係代名詞節**」で「もっとも…しそうもない A／決して…しない A」
という否定の意味を表す。**the last A to do** といった不定詞を伴う用法もあることも押さえておこう。

131　had　　　　　　　　　　　　　　〈Scarcely had S done ... when ～〉

接続詞

語順

(a) As soon as I opened the door, the phone started to ring.

(b) Scarcely **had** I opened the door when the phone started to ring.

(a) (b) (私がドアをあけるとすぐに, 電話が鳴り出した)

➡ **... scarcely [hardly] ... when [before] ～**「…するかしないかのうちに／…するとすぐに」の表現を知っているかどうかがポイント。本問は否定語の scarcely が文頭にきているので, 主語と動詞が倒置形になっている。この表現および類似表現は, 以下のように整理して押さえておく。

●CHECK 23●　... no sooner ... than ～など

(1) **... no sooner ... than～**

(2) $...\begin{pmatrix} \text{hardly} \\ \text{scarcely} \end{pmatrix}...\begin{pmatrix} \text{when} \\ \text{before} \end{pmatrix}～$

＊主節動詞(...)に過去完了, 従節動詞(～)に過去形を用いて, 過去の内容を表すことが多い。

＊**no sooner, hardly, scarcely は否定語だから, 文頭に来ると主語と動詞は倒置形になる。**

＊なお, (2)で hardly, scarcely ではなく not を用いて, **had not done ... when [before]** ～ の形になると, 「…しないうちに～する」の意味となる。

➡ 次の表現が文頭に来ると, 以下は倒置形(疑問文と同じ語順)になることも押さえておこう。

●CHECK 24●　強制的に倒置が生じる場合

(1) 否定の副詞表現が文頭に来た場合

(2) **only** がついた句・節が文頭に来た場合

(3) **not only ... but (also)** ～ が文と文を結んで, **not only** が文頭に来た場合

(4) 接続詞 **nor** の後に「**S＋V ...**」が来た場合

(5) 否定語のついた目的語が文頭に来た場合

132　not, but　　　　　　　　　　　〈A, (and) not B＝not B but A〉

接続詞

(a) She did it for her own sake, not for yours.

(b) She did **not** do it for your sake, **but** for her own.

(a) (b) (彼女はあなたのためではなくて自分のためにそうしたのだ)

➡ **A, (and) not B** は, 「A であって B でない／B ではなくて A」の意味の表現で, **not B but A** と同意の表現である。A と B には原則として文法的に対等な表現がくるが, not は動詞否定の位置で使う傾向が強く, (b)の英文では動詞否定の位置で使

われている。もちろん, She did it *not* for your sake *but* for her own. と表現してもよい。

➡ **not A but B** のような相関表現は, 以下のように整理して押さえる。

> ●)CHECK 25(● **等位接続詞を用いた相関的な表現**
> (1) **both A and B** 「A も B も」
> (2) **not A but B** 「A ではなく B」
> (3) **not only A but (also) B** 「A だけでなく B もまた」
> (4) **either A or B** 「A か B どちらか」
> (5) **neither A nor B** 「A でも B でもない」
> *原則として A と B には文法的に対等な表現が来る。

133 ① (→so)   〈so ... that ~ 構文〉

[接続詞]

He looked **so** funny that I couldn't help laughing.

(彼はとてもこっけいに見えたので, 私は笑わずにはいられなかった)

➡ いわゆる **so ... that ~構文**の形にする。「とても…なので~／~するほど…」と訳出するが, that の前が否定文なら「~するほど…ではない」と訳し上げるのがよい。
　She is *not* so sick *that* she can't go to school.
　(彼女は学校に行けないほどの病気ではない)

➡ ③, ④で用いられている **can't help doing** は「…せざるをえない」という成句表現である。

134 ③ (→they are)   〈間接疑問―平叙文の語順〉

[語順]

I wonder what kind of books **they are** interested in.

(彼らはどんな種類の本に関心を持っているのだろうかと私は思う)

➡ **間接疑問の節内は平叙文と同じ語順になる**。③ are they は通常の疑問文の語順なので, 平叙文の語順 they are にする必要がある。

135 ② (→have been chosen)   〈修飾語句がある場合の主語と動詞の一致〉

[主語と動詞
の一致]

Two players from the Dodgers **have been chosen** to play in the All Star Game.

(ドジャースの 2 人の選手がオールスターゲームでプレイするように選ばれた)

➡ **主語に修飾語句がついている場合は, それを取り除いた中心語を見極め, その語に動詞を合わせればよい**。本問の場合は (Two) players の複数名詞に動詞を合わせなければならない。

136 ① (→he)   〈強調構文の考え方〉

[強調]

It was **he** who came running into the room in such a hurry.

(あわてふためいて部屋に飛び込んできたのは彼だった)

➡ 問題 126 で強調構文をテーマ化したが, その考え方を理解しているかどうかがポイント。本英文で強調構文を解除して前提となる英文を考えてみると, *He* came running into the room in such a hurry. となるはず。この文の主語となる He を強調しているのだから, ① him は he にする必要がある。

➡ 問題 126 で述べたように,「人」を強調する場合, 本問のように who も使えることも確認しておこう。

137 ④ 〈単位を表す by／差を表す by〉

共通語補充
前置詞

(a) They sell eggs **by** the dozen.

(b) John is older than his sister **by** three years.

(a)（卵はダース単位で売られる），(b)（ジョンは妹より 3 歳年上だ）

➡ (a)は問題 102 で述べた**単位を表す by the A**「A 単位で」の用法。(b)は程度の**差を表す by** の用法で，「…だけ／ほど」の意味を表す。こちらも頻出。なお，比較級表現の場合は次のように by を用いず比較級の前に置くこともある。

　　John is *three years* older than his sister.

138 ① 〈譲歩を表す接続詞 as／関係代名詞 as〉

共通語補充
接続詞
関係詞

(a) Big **as** the United States is, travelers soon realize it is almost empty, at least of people.

(b) He has done the job well, **as** can be proved by the records.

(a)（合衆国は大きいけれど，旅行者は合衆国には少なくとも人間が極めて少ないということをすぐに知るだろう），(b)（彼はその仕事をうまくやった，そのことは記録によって証明できる）

➡ (a)は，「形容詞／副詞／無冠詞名詞＋as＋S＋V ...」の形で，「…だけれど」という譲歩の意味を表す接続詞 as の用法。as の代わりに **though** を用いることもある。なお，無冠詞名詞の例は入試では見かけるが，今ではほとんど使われていない。

➡ **as は関係代名詞として用いられることがあり，非制限用法で前文の文内容や後の文の文内容を先行詞とする用法がある**。また制限用法では，先行詞に such がある場合と the same がある場合に用いられる。本問の(b)には前の文の文内容を先行詞として非制限用法で用いられる関係代名詞の as が入る。なお，後の文内容を先行詞とする as の用法は以下のとおり。

　　As is usual with John, he broke his promise.

　　（ジョンにはいつものことだが，約束を破った）

➡ 問題 111 で述べたように④which には前文の文内容を先行詞として非制限用法で用いる用法があるので，(b)の文には入りうることも確認しておこう。ただし，(a)では無理なので正答にはならない。

139 ① 〈No wonder S＋V ...／S wonder if ...〉

共通語補充
名詞の語法
動詞の語法

(a) No **wonder** she didn't answer your question.

(b) I **wonder** if you are free this evening.

(a)（彼女が君の質問に答えなかったのは当然だ），(b)（あなたは今晩ひまかしら）

➡ (a)には名詞の **wonder**「驚き／不思議」が入る。問題 099 でテーマ化したように，**It is no wonder that-節**の形で「…は少しも不思議でない／当然だ」の意味を表すが，この It is と that が省略されて，本問のように **No wonder S＋V ...** の形で表現されることが多い。

➡ (b)には動詞の wonder が入る。この wonder は if-節／whether-節などを目的語にして「…かしらと思う／…か知りたいと思う」といった意味を表す。

140 ① 〈be on ... terms with A など〉

共通語補充
名詞を含む
イディオム

(a) I was just thinking in **terms** of a small party.

(b) Under the **terms** of the agreement, Hong Kong went back to China in 1997.

(c) He had been on bad **terms** with his father for years.

(a) (私はちょうどささやかなパーティーのことを考えていました)，(b) (条約の条項に基づいて，香港は 1997 年に中国に返還された)，(c) (彼は長年にわたって父親と仲が悪かった)

➡ 問題 073 でテーマ化した (c) の **be on ... terms with A**「A と…の間柄である」という必修のイディオムを知っていなければ悩むことになるかもしれない。

➡ (a) は be thinking in terms of A / doing の形で用いて「A のことを／…することを考えている」という意味を表す表現。(b) の terms は，「条項／条件」といった意味で，通例 terms という複数形で用いる。

141

前置詞

〈between A and B「A と B の間に」〉

There are lots of similarities between tigers and cats.
(トラと猫には多くの類似点があります)

➡ **between** は 2 者を前提にして「…の間に」の意味を表す前置詞。between the two children「2 人の子どもの間に」といった使い方をするが，その 2 者を A と B で表現する場合は，本問のように **between A and B**「A と B の間に」の形で表す。

142

群前置詞

〈instead of A「A の代わりに」〉

You should have used the money for paying your debts instead of buying a car.
(あなたはそのお金を車を買うのに使わないで，借金を返すために使うべきだった)

➡ 群前置詞 **instead of A / doing**「A の／…する代わりに／…しないで」の使い方がポイント。

143

否定

〈部分否定—not always「いつも…とは限らない」〉

Speakers of the same language do not always speak it in the same way.
(同じ言葉を話すからといって，まったく同じように話すわけではない)

➡ **not always**「いつも／必ずしも…とは限らない」という副詞を用いた部分否定の表現がポイント。その他，**not necessarily**「必ずしも…とは限らない」，**not completely**「まったく…というわけではない」などがあるが，「常に／まったく／完全に／正確に」といった意味の副詞が否定文中で用いられると，一般に部分否定を表すと考えておけばよい。

144

否定

〈never [cannot] ... without doing〉

I never hear that song without remembering my high school days.
(あの歌を聞くと必ず高校時代を思い出す)

➡ **never [cannot] ... without doing** で「〜しないで…することはない／…すると必ず〜する」という二重否定の意味を表す。本問のように「…すると必ず〜する」の和文が与えられて整序問題で出題されることが多い。連立完成などでは以下の言いかえも要注意。

When I hear that song, I *always* remember my high school days.
Whenever I hear that song, I *am reminded of* my high school days.

145

関係詞

〈主格関係代名詞 which〉

The wind which blows from the sea is pleasant.
(海から吹く風はきもちがいい)

➡ The wind を先行詞として **which** を主格関係代名詞として用いる。

146

〈those who .../hold one's tongue〉

関係詞

名詞を含む
イディオム

Those who know little about it should hold their tongue.

(そのことを熟知していない者は発言を慎んでもらいたい)

➡ **those** は，**who / whose / whom** の先行詞として用いられた場合，「…する人び
と」の意味になる。本問は，Those who ... の形で主語となる表現をまとめる。

➡ **hold one's tongue**「黙っている」は必ず押さえておくべきイディオム。

147

〈What is S like？の間接疑問〉

疑問文

語順

前置詞

Can you imagine what the coming century will be like？

(次の世紀がどのようなものになるか想像できますか)

➡ like には **like A**「A のように[な]」の前置詞の用法があることを知っていること
が前提。

➡ **What is S like？**「S はどのようなものか」という疑問文は，前置詞 like の目的
語が疑問詞 what になったもので，非常によく用いられる。

➡ 本問の整序箇所は間接疑問なので，節内は平叙文の語順にする。問題 134 参照。よ
って，what the coming century will be like とまとめることになる。

148

〈What made A do？「どうして A は…したのか」〉

疑問文

動詞の語法

語順

What made you tell such a lie to the teacher？ 〈why 不要〉

(どうしてあの先生にそんな嘘をついたのですか)

➡「どうして」という日本語にまどわされて Why で始めるとすぐに行き詰まってし
まう。本問では，疑問詞 what と問題 008 で述べた **make A do** の形を使って，
What made A do？「何が A に…させたのか→ どうして A は…したのか」を文
の骨格にすることがポイント。

➡「先生にそんな嘘をつく」は，tell such a lie to the teacher とまとめる。such
は「**such＋(a)＋(形容詞)＋名詞**」の語順で使うことも再確認しておこう。問題 046
参照。

149

〈名詞節を導く接続詞 whether／関係代名詞 what〉

接続詞

関係詞

I doubt whether you'll believe what I'm going to say. 〈which 不要〉

(わたしがこれから話すことをはたして君に信じてもらえるかな)

➡ I doubt の後に名詞節を導く接続詞 **whether**「…かどうか」で始まる節を持って
くる。

➡「私がこれから話すこと」は，問題 112 で述べた関係代名詞 what を用いて，what
I'm going to say とまとめる。先行詞となるものがないので，which が余る。

150

〈It is＋時間＋before .../get over A〉

接続詞

動詞を含む
イディオム

It will be some time before she gets over her cold.

(彼女の風邪はすぐには治らないだろう)

➡ 接続詞 before を用いた「**It is＋時間＋before ...**」は「…するまで～の時間がかか
る」という定式化した表現。「彼女が風邪から回復するまでしばらくかかるだろう」
というのが，文構造どおりの訳出。

➡ **get over A**「A から回復する／A に打ち勝つ」は必ず押さえておくべきイディオ
ム。**get over A＝recover from A＝overcome A** と整理しておくこと。

そんなに難しいと感じなかったが，採点してみると10題前後の誤答があったという諸君が多いのではないだろうか。第4回は動詞の語法を中心に正確な知識を問うものが多い。問題 156，160，187 は近年増加傾向にある要注意問題。大問②のイディオム問題は，完答が欲しいところ。

□151	②	□152	①	□153	①	□154	②
□155	②	□156	②	□157	②	□158	③
□159	②	□160	②	□161	①	□162	③
□163	③	□164	①	□165	②	□166	③
□167	①	□168	③	□169	①	□170	④
□171	②	□172	③	□173	④	□174	②
□175	①	□176	③	□177	①	□178	④
□179	③	□180	②	□181	④	□182	④
□183	②	□184	①	□185	①	□186	①
□187	①	□188	③	□189	②	□190	②

□191	It is no use arguing with Mr. Tanaka about it.
□192	It was careless of you to leave the front door unlocked.
□193	He hurried to the classroom only to find that it was empty.
□194	This apartment is large enough for his family to live in.
□195	His answer leaves nothing to be desired.
□196	You had better not leave your car window open.
□197	I had just begun taking a bath when all the lights went out.
□198	Yesterday he came home and told everyone at the table that he had been offered a new position in the company.
□199	The tourists had their luggage searched in customs. 〈were 不要〉
□200	When you feel sick, a breath of fresh air will do you good.

第4回

解答・解説

Step 2 Part 1 [151-200]

151 ② 〈taste＋形容詞「…な味がする」〉
動詞の語法

The soup **tastes good**, but it is expensive.
(そのスープはおいしいが, 値段が高い)

➡ taste は補語に形容詞をとり「…な味がする」の意味を表す用法がある。③tastes well は, well がいけない。well は形容詞として「健康な」といった意味で使われることもあるが, 基本的には副詞であるため, taste の補語にはなれない。

152 ① 〈sound＋形容詞「…に聞こえる／思われる」〉
動詞の語法

The music **sounded** wonderful at the concert.
(そのコンサートの音楽はすばらしく思われた)

➡ 選択肢の中で補語として形容詞の wonderful をとれるのは①sounded のみ。この場合の **sound** は「…に聞こえる／思われる」の意味である。

153 ① 〈have A do「A に…してもらう／させる」〉
動詞の語法

I'll **have him call** you back as soon as he comes home.
(彼が帰ってきたらすぐに折り返し電話させましょう)

➡ 正しい動詞の使い方をしているのは① have him call のみ。問題 008 で述べたように, **have A do, let A do** といったように, have と let は原形不定詞を目的格補語にとる動詞である。

➡ ここで, have と get の用法を整理しておく。**have A do／get A to do**「A に…してもらう／させる」は, 目的語と次に来る補語が能動関係の場合に用いる。have の場合は原形不定詞を用いるのに対し, get は to-不定詞を用いる点に注意。よって, ③ get him call は get him to call なら正答になる。

➡ **have [get] A done**「⑦ A を…してもらう／させる(使役), ④ A を…される(受身・被害), ⑦(自分が)A を…してしまう(完了)」は, 目的語と次に来る補語との間が受動関係の場合に用いる。

➡ 上記の have と get の語法は, すべての文法・語法項目の中で最頻出のものなので, 正確に理解しておく必要がある。

154 ② 〈get A to do「A に…してもらう／させる」〉
動詞の語法

I'm tired. I wish I could get someone **to drive** me home.
(私は疲れている。誰かが私を家まで送ってもらえればよいのだが)

➡ 考え方は問題 153 で述べたとおり。someone と drive の間は能動関係になるので, **get A to do** の形を選ぶ。

155 ② 〈get A done「A を…してもらう／させる」〉
動詞の語法

I must get the curtains **washed** as soon as possible.
(できるだけ早くカーテンを洗濯してもらわなくてはならない)

➡ 考え方は問題 153 で述べたとおり。the curtains と wash の間は受動関係になるので, **get A done** の形を選ぶ。

156 ② 〈miss「…がいなくて寂しい」〉

動詞の語法

I shall **miss** you badly if you are going away.

（あなたが行ってしまうと, 私はあなたがいなくてとても寂しいだろう）

➡ **miss** はさまざまな意味を持つ動詞だが, ここでは「…がいなくて寂しい／…がなくて困る」の意味を表している。なお, 本問で使われている badly は「とても」の意味の強調の副詞。

➡ **miss** はそれ以外にも, 「⑦…に乗り遅れる, ⑦…を免れる, ⑦…がないのに気づく」といった意味で使われることがあるので, 押さえておこう。

157 ② 〈 tell / say / speak / talk の用法〉

動詞の語法

We should **talk** right now about what to do and where to go.

（何をすべきかまたどこに行くべきかについて, われわれはただちに議論すべきだ）

➡ what to do and where to go の前に前置詞 about があるので, 空所には自動詞が入る。① mention, ③ tell, ④ discuss はいずれも他動詞。特に mention / discuss は問題 037 で述べたように, 自動詞と間違えやすく, その点を問う問題も多いので, 要注意。

➡ 選択肢の中で自動詞は, ② talk のみ。なお, tell / say / speak / talk の用法は頻出なので, 以下, 整理しておく。

> ●CHECK 26● **tell / say / speak / talk の用法**
>
> □ **tell**−基本的には他動詞。**tell A B／tell A to do／tell A that-節 [wh-節]** で使える点が大きな特徴。
>
> □ **say**−基本的には他動詞。目的語に「人」をとらないことに注意。また, 「人」を主語にした **S say that-節**の形もあるが, 「新聞／手紙／天気予報」などを主語にして, **S say that-節**の形で, 「S には…だと書いてある／S によれば…」の意味を表す用法はよく狙われる。
>
> □ **speak**−基本的には自動詞で「話す／演説をする」の意味を表す。他動詞用法の場合は, 通例, 「言語／言葉／意見」を目的語にする。
>
> □ **talk**−基本的には自動詞で「話す／しゃべる」の意味を表す。speak と言いかえができる場合も多い。また他動詞用法の **talk A into B / doing**「A に話して, B をしてもらう／…してもらう」, **talk A out of B / doing**「A に話して, B をやめさせる／…するのをやめさせる」はともに頻出なのでしっかり押さえておく。

158 ③ 〈S say that-節〉

動詞の語法

時制

Taro **said** he would be absent from school next week.

（太郎は, 来週学校を休みますと言った）

➡ 問題 157 の **CHECK 26** で述べたが, **that-節をそのまま目的語にとるのは say**。tell には, tell A that-節の形はあっても tell that-節の形はない。また, say には, say that-節の形はあっても, say A that-節の形はない。この点も押さえておこう。なお, 本問では接続詞 that は省略されている。

➡ he の後に, will の過去形 would が使われていることに注意。これは, will が時制の一致を受けたものだから, 過去形の③ said が正答になる。

159 ② 〈二重目的語をとる tell−tell A B〉

動詞の語法

Won't you **tell** the children a story before they go to bed ?

（子どもたちが寝る前に，子どもたちにお話をしてやってくれませんか）

➡ 選択肢の中で二重目的語をとれるのは，② tell のみ。問題157の **CHECK 26** 参照。**tell A B** で「A に B を言う／話す／伝える」の意味を表す。

➡ ① explain は要注意。二重目的語はとれない。「…を説明する」の意味を表す他動詞で「A のことを B に説明する」であれば，**explain A to B** または **explain to B A** の形で表現する。この点もよく問われる。

160　②　　　　　　　　　　　　　　　　　　　〈suit A「(服装・色・柄が)A に似合う」〉

動詞の語法

She found a dress that **suited** her in Harrods.
（彼女はハロッズで自分に似合うドレスを見つけた）

➡ **suit A** は，「(服装・色・柄が)A(人・物)に似合う」場合に用いる。それに対し，**match A (=go with A)** は主語にも A にも「物」が来て「A(物)に似合う／調和する」の意味を表す。本問では空所の後に her という「人」が来ているので，② suited を選ぶ。

➡ 紛らわしい表現に fit があるが，**fit A** は「A(人・物)に(寸法・サイズが)合う」という意味を表す。これも押さえておこう。

161　①　　　　　　　　　　　　　　　　〈catch A doing「A が…しているのを見つける」〉

動詞の語法

The teacher caught the student **sleeping** in class.
（先生は授業中その生徒が居眠りをしているのを見つけた）

➡ **catch A doing**「A が…しているのを見つける」は，成句化した用法として押さえる。catch には，catch A do／catch A done といった用法はないことも確認しておこう。

162　③　　　　　　　　　　　　　　　　　　　　　　〈look forward to A / doing〉

動名詞

動詞を含む
イディオム

I am looking forward **to seeing** you again.
（私はあなたに再びお目にかかることを楽しみにしています）

➡ **look forward to A / doing**「A を／…することを楽しみに待つ」の to は，不定詞を作る to ではないことに注意。to の後に動名詞が来る表現は頻出。以下にまとめておくので，必ず押さえておこう。

> ●CHECK 27●　to の後に動名詞が来る表現
> □ **look forward to A / doing**「A を／…することを楽しみに待つ」
> □ **be used [accustomed] to A / doing**「A に／…することに慣れている」
> □ **object to A / doing**「A に／…することに反対する」
> □ **when it comes to A / doing**「話が，A に／…することになると」
> □ **What do you say to A / doing**「A はいかがですか／…しませんか」
> □ **with a view to A / doing**「A の／…する目的で」

163　③　　　　　　　　　　　　　　　　　　　　　　　　〈進行形にできない動詞〉

時制

The food Mother is cooking in the kitchen **smells** delicious.
（母が台所で作っている料理は，おいしそうなにおいがする）

➡ **smell** が「…のにおいがする」の意味で使われる場合，状態を表し進行形にはできない。ただし，「…のにおいをかぐ」という意味で使われるなら，進行形にすることができる。本問は，is cooking から現在のことであるのが明らかだから，③ smells の現在時制を選ぶ。

➡ なお，原則として進行形にできない動詞は，正誤指摘問題などでも問われやすいので，以下，整理しておこう。

●〉CHECK 28 〈●　原則として進行形にしない動詞

□ **resemble**「…に似ている」	□ **see**「…が見える」
□ **belong**「所属する」	□ **hear**「…が聞こえる」
□ **be**「…である」	□ **know**「…を知っている」
□ **contain**「…を含む」	□ **like**「…を好きである」
□ **consist**「成り立つ，ある」	□ **want**「…を望む」
□ **exist**「存在する」	□ **love**「…を愛する」
□ **have**「…を持っている」	□ **smell**「…のにおいがする」
□ **own**「…を所有している」	□ **taste**「…の味がする」
□ **possess**「…を所有している」	

＊**have** は「…を持っている」の意味では進行形にしないが，「…を食べる」などの意味では進行形にできる。

＊**smell** が「…のにおいをかぐ」の意味の場合，**taste** が「…の味見をする」の意味の場合は進行形にできる。

＊**listen, look, watch** は進行形にできる。

---

164 ①　〈just now「今しがた」―現在完了とは併用不可〉

【時制】

Ms. Smith **came** home just now.

（スミスさんはたった今帰宅しました）

➡ 現在完了はあくまでも，現在を中心とした表現なので，**yesterday／last year／…ago** といった明確に過去を表す副詞（句・節）などの表現と一緒には使えない。

➡ 本問の **just now** は，「今しがた／たった今」の意味では，過去時制で用い，現在完了とは併用できない。just と now がそれぞれ単独であれば，現在完了とも使える。なお，just now は「ちょうど今（…の状態だ）」の意味では，主として be 動詞などの状態を表す動詞の現在時制で用いられることがある。

---

165 ②　〈未来完了の用法〉

【時制】

By the end of next year, I **will have lived** here for thirty years.

（来年の終わりで，私はここに 30 年間住んだことになる）

➡ 問題 015 で現在完了の用法を述べたが，**基点を未来のある時点に移して，それまでの完了・結果，経験，継続を表すためには未来完了（will have done）を用いればよい**。本問は，「来年の終わり」までの継続を表したもの。

---

166 ③　〈時・条件の副詞節―未来完了は用いず現在完了〉

【時制】

I will lend you the book when I **have done** with it.

（その本を読み終えたら，あなたにお貸しします）

➡ 問題 014 で，時・条件の副詞節では未来のことでも現在時制を用いると述べた。同様に，**時・条件の副詞節では，未来完了ではなく現在完了を用いる**ことになる。

➡ **have done with A** は「A を終えてしまう」の意味の，完了形を用いたイディオム。

---

167 ①　〈can't [cannot] have done「…したはずがない」〉

【助動詞】

John **can't** have said so, because he told me quite the opposite thing only a few days ago.

（ジョンがそんなことを言ったはずがない，というのも彼は私にほんの数日前にまった
く反対のことを言ったからだ）

➡ 文意から① can't を選び，**can't have done**「…したはずがない」の形を作る。
because 以下の内容がなければ，他の選択肢もすべて入ることになる。ここで，「助
動詞＋have done」の意味を整理しておくので，正確に押さえておこう。

● CHECK 29 ●　「助動詞＋have done」の意味
- (1) **must have done**「…したに違いない」
- (2) **can't [cannot] have done**「…したはずがない」
- (3) **may [might] have done**「…したかもしれない」
- (4) **needn't [need not] have done**「…する必要はなかったのに(実際はした)」
- (5)
  - **should have done**　㋐「…すべきだったのに(実際はしなかった)」
  - **ought to have done**　㋑「当然…した[している]はずだ」
- (6)
  - **should not have done**「…すべきでなかったのに(実際はした)」
  - **ought not to have done**

168　③　　　　　　　　　　　　　　　　　〈仮定法過去完了・仮定法過去の併用形〉

[仮定法]

If you had not eaten so much, you **would not be** so sleepy now.
（もしそんなにたくさん食べなかったら，君は今そんなに眠くはないだろう）

➡ 問題 020 で，仮定法過去と仮定法過去完了の基本形を確認したが，**仮定法表現では，
主節・従節において仮定法過去と仮定法過去完了が併用されることがある。**本問で
は，従節に仮定法過去完了を用いて過去の事実と反対の仮定を行ない，主節に仮定
法過去を用いて現在の事実と反対の推量を行なっているのである。主節に now と
いう副詞が使われていることに注意。

169　①　　　　　　　　　　　　　　　　　　　〈倒置による接続詞 if の省略〉

[仮定法]

Had I known that, I'd have told you about it.
（そのことを私が知っていたなら，あなたに話していただろう）

➡ 仮定法の条件節（従節）に，倒置形を用いることによって，接続詞 if は省略されるこ
とがある。本問は主節の動詞の形および文内容から仮定法過去完了の文だと判断で
きる。If I had known that→ Had I known that となったものを選ぶ。

➡ ② Should I know that は If I should know that のことだが，If S should
do ... の形は，一般に未来の事柄に対する仮定を表す表現なので，本問では不可。③
Would I have known that は，主節の動詞の形を倒置形にしているので不可。④
Had I been known that は，受動態を前提にしているがそのこと自体がおかし
いので不可。

170　④　　　　　　　　　　　　　　　　　　　〈It is time＋仮定法過去〉

[仮定法]

It's eleven o'clock. It's time you children **were** in bed.
（11 時だ。おまえたち子どもはもう寝る時間だ）

➡ 「**It is time＋S＋動詞の過去形（仮定法過去）...**」の形で，「S は…すべき[してもよい]
時間[時期]だ」の意味を表す。定式化した表現として覚えておくこと。**It is high
time ...** であれば「当然…すべき[してもよい]時間[時期]だ」，**It is about time ...**
であれば「そろそろ…すべき[してもよい]時間[時期]だ」の意味になる。

➡ ③ went は空所の後の in bed と合わない。went to bed なら正答になる。

171 ②
仮定法

〈S wish＋S′＋仮定法過去・過去完了〉

"He's a good skier, isn't he?" "Yes, he really is. I wish I **could ski** like him."

(「彼はスキーが上手ですね」「ええ，本当に上手です。彼のようにスキーができればいいのですが」)

➡ **S wish** は，後に仮定法の従節の動詞形を用いた節をとる表現。本問は，現在の事実の反対を想定しているので仮定法過去の形が来るが，「…できる」という能力を表す can の意味を出すため ② could ski となる点に注意。S wish ... の表現は次のように整理しておくこと。

> ● **CHECK 30** ● **S wish＋仮定法**
> (1) **S wish＋S′＋動詞の過去形(仮定法過去)** ...
>   「S は S′が…すればよいのにと思う」(現在の事実と反対の事柄の願望)
> (2) **S wish＋S′＋動詞の過去完了形(仮定法過去完了)** ...
>   「S は S′が…すればよかったのにと思う」(過去の事実と反対の事柄の願望)

172 ③
仮定法

〈if it had not been for A〉

If it had not **been** for your help, I could not have done it.

(もしあなたの助けがなかったら，私はそれをすることができなかっただろう)

➡ **if it were not for A**「もし A がなければ」／**if it had not been for A**「もし A がなかったら」は，定式化した仮定法の表現。本問は仮定法過去完了の文なので，if it had not been for A の形が使われている。なお，両者とも **without A／but for A** の副詞句に置きかえることができることも確認しておこう。

173 ④
不定詞

〈完了不定詞(to have done)の用法〉

He is said **to have lost** a fortune in gambling in the past.

(彼は昔ギャンブルで財産を失ったと言われている)

➡ **完了不定詞(to have done)は，文の述語動詞の時点よりも「前」にあったことを表す。**なお，完了分詞・完了動名詞(having done)も同じように考えてよい。

➡ ②を用いた He is said (that) he lost ... の形は不可。say A that ... の形がないのだから，その受動態 A is said that ... の形もない。問題 157 の **CHECK 26** 参照。なお，It is said (that) he lost ... の形ならば可能である。

174 ②
動名詞

〈動名詞の意味上の主語〉

My mother complains about **my being** too lazy.

(私の母は私があまりに怠惰だと文句を言う)

➡ **動名詞の意味上の主語は，代名詞の場合は所有格または目的格，名詞の場合は所有格またはそのままの形で表す。**よって，② my being が正答となる。

➡ 前置詞の後に that-節が来ることはないので ③ I am は不可。

175 ①
動名詞

〈be used to doing「…することに慣れている」〉

I was used to **studying** when I was a student.

(学生のころは，勉強することに慣れていた)

➡ 問題 162 で述べた，be used to A／doing「A に／…することに慣れている」の表現を完成させる。この to は不定詞で作る to ではないことに注意。なお，まぎらわしい表現については問題 026 参照。

176　③　　　　　　　　　　　　　　　　　　　　　　　〈現在分詞が目的格補語〉

[分詞]

He apologized for keeping her **waiting** so long.

(彼は彼女をそんなにも長い間待たせたことをあやまった)

➡ 分詞は目的格補語として用いられる。**目的語との間に能動関係が成立すれば現在分詞を，受動関係が成立すれば過去分詞を用いる**。本問で her と wait の間は能動関係になるので，現在分詞の③ waiting が入る。keep A do／keep A to do の形は語法として存在しないので，② wait，④to wait は不可。「V＋O＋doing／done」の形で用いる動詞は以下のとおり。

●)CHECK 31(●　「S＋V＋O＋C(doing／done)」の形で用いる動詞

□ **see**「O が C であるのが見える」	□ **listen to**「O が C であるのを聞く」
□ **hear**「O が C であるのが聞こえる」	□ **leave**「O を C のままにしておく」
□ **watch**「O が C であるのを見つめる」	□ **keep**「O を C の状態にしておく」
□ **feel**「O が C であると感じる」	□ **find**「O が C であるのに気づく」
□ **look at**「O が C であるのを見る」	

＊一般に see などの感覚動詞は，この形をとる。

177　①　　　　　　　　　　　　　　　　　　　　　　　〈過去分詞が目的格補語〉

[分詞]

Jane was almost asleep when she heard her name **called**.

(ジェーンは自分の名前が呼ばれるのを聞いたとき，もう少しで眠り込むところだった)

➡ 考え方は問題 176 で述べたとおり。her name と call の間は受動関係になるので，過去分詞の① called が入る。

178　④　　　　　　　　　　　　　　　　　　　　　　　〈分詞構文の基本形〉

[分詞]

Taking off our shoes, we crept cautiously along the passage.

(靴を脱ぐと，われわれは廊下を用心深く音を立てずに進んだ)

➡ 分詞句が副詞句として機能し，**時・理由・付帯状況・条件・譲歩**(条件・譲歩は慣用化したものが大半)の意味を表すものは，分詞構文と呼ばれる。

➡ **分詞構文は基本的に，現在分詞によって表す**。本問は，その基本形を問うもの。

➡ 副詞用法の不定詞には感情の原因「…して(うれしい，悲しいなど)」，判断の根拠「…するとは」の意味はあっても，一般的に「時」や「理由」を表す用法はないので，② To take は不可。

179　③　　　　　　　　　　　　　　　　　　　　　　　〈受動態の分詞構文〉

[分詞]

Viewed from the students' side, the teacher's arguments made no sense.

(学生の側から見ると，その先生の主張は意味をなさなかった)

➡ 問題 178 で述べたように分詞構文は現在分詞によって表す。したがって，受動態(be done)の分詞構文は being done になるわけだが，**分詞構文においては，being／having been は省略されることが多い**。本問では，the teacher's arguments が主語で view は「…を見る」という他動詞だから，前半は When they are viewed from the students' side という受動態の形が前提となるはず。それを分詞構文にすると，Being viewed from ...となるが，Being viewed は選択肢にないので，Being を省略した③ Viewed を選ぶことになる。

180 ②　　　　　　　　　　　　　　　　　　〈do away with A＝put an end to A〉

動詞を含む
イディオム

They want to **do away with** smoking in the office.

They want to **put an end to** smoking in the office.

（彼らは，職場での喫煙をやめさせたいと思っている）

➡ **do away with A＝put [make] an end to A**「A を終わらせる／廃止する」で押さえる。do away with A は，**abolish [eliminate] A** との言いかえでもよく出題される。

➡ **come to end**「終わる」もここで押さえておこう。

➡ ① **put aside A／put A aside**「A をたくわえる」も重要。**lay aside A／lay A aside** と同意のイディオム。

181 ④　　　　　　　　　　　　　　　　　　　　〈drop in on A＝visit A〉

動詞を含む
イディオム

When he was in Tokyo he **dropped in on** his old friend.

（東京にいるとき，彼は旧友のところに寄った）

➡ **drop in on A**「A（人）のところに立ち寄る」／**drop in at A**「A（場所）に立ち寄る」で押さえる。A が「人」か「場所」かで使い分ける点では，**call on A（人）**／**call at A（場所）**「A を訪問する」というイディオムも同じ。この4つはいずれも，**visit A** との言いかえで出題されることが多い。

➡ ① **get in contact with A**「A と接触する」は一般に，電話で連絡をとったり，どこかで待ち合わせて会う場合に用いるので，drop in on A の言いかえとしては不適切。

182 ④　　　　　　　　　　　　　　　　　　　　〈get rid of A＝discard A〉

動詞を含む
イディオム

He decided to **get rid of** all the magazines in his room.

（彼は自分の部屋にあるすべての雑誌を処分することに決めた）

➡ **get rid of A＝discard A**「A を処分する／取り除く」で押さえる。

183 ②　　　　　　　　　　　　　　　　　　　　〈bring about A＝cause A〉

動詞を含む
イディオム

This failure has been **brought about** by your own carelessness.

（この失敗は，君自身の不注意さによって引き起こされたものだ）

➡ **bring about A／bring A about＝cause A**「A を引き起こす／A の原因となる」で押さえる。

184 ①　　　　　　　　　　　　　　　　　　〈go through A＝experience A〉

動詞を含む
イディオム

She has **gone through** a great deal since we last met.

（最後に会ってから彼女は多くのことを経験した）

➡ **go through A＝experience [undergo] A**「A を経験する」で押さえる。

185 ①　　　　　　　　　　　　　　　　　　〈take in A＝comprehend A〉

動詞を含む
イディオム

He speaks so fast that I can't **take in** what he says.

（彼はとても早口で話すので私は彼の言うことを理解できない）

➡ **take in A／take A in＝comprehend [understand] A**「A を理解する」でまずは押さえる。

➡ **take in A／take A in＝deceive [cheat] A**「A をだます」というまったく異なる意味もあり，こちらも頻出なので，要注意イディオムである。

186　①（→discussed または talked about）　　　　　　　　〈discuss は他動詞〉

動詞の語法

We **discussed** the problem until a solution was found.
（われわれは，解決策が見つかるまで，その問題について議論した）

➜問題 037 の **CHECK 8** で触れたように，**discuss** は他動詞である。よって①
discussed about の about は不要である。自動詞 talk(問題 157 参照)を用い
て，talked about にしてもよい。

187　①（→to me）　　　　　　　　　　　　　　　　　　　〈explain の用法〉

動詞の語法

Please explain **to me** why you failed to come yesterday.
（なぜ昨日あなたが来れなかったのか，私に説明してください）

➜問題 159 で述べたように，explain は二重目的語はとれない。「A のことを B に説
明する」であれば，**explain A to B** または **explain to B A** の形で表現する。本
間では explain to B A の形にする。一般に A が長い場合はこの形が好まれる。

188　③（→must have）　　　　　　　　　　〈must have done「…したに違いない」〉

助動詞

This pen I borrowed from you won't write ; it **must have** run out of ink.
（私があなたから借りたこのペンはどうしても書けない。インクが切れたに違いない）

➜問題 167 で **can't have done**「…したはずがない」などを扱ったが，can have
done の形は一般的な用法としては存在しない。**can't**「…のはずがない」の反意語
は **must**「…に違いない」(問題 018 参照)だから，**must have done** の形に訂正
するのがいいだろう。

➜② won't write の won't は，主語の拒絶の意志を表す用法(本間のように無生物
主語でも可)であり，また write には「(ペンなどが)書ける」という自動詞用法が
あるので，②は間違いではない。

189　②（→ruined）　　　　　　　　　　　　　　　　　〈have A done の用法〉

動詞の語法

I had my hat **ruined** when it suddenly started raining.
（雨が突然降り始め，私は帽子を台なしにされた）

➜have と get の用法については問題 153 で考え方を述べた。my hat と ruin「…
を台なしにする」との間は受動関係だから，② ruin は過去分詞 ruined でなけれ
ばならない。この **have A done** は，問題 153 で述べた 3 つの意味の中の「④ A
を…される(受身・被害)」にあたる。

190　②（→heard）　　　　　　　　　　　〈make oneself heard「自分の声を通す」〉

分詞

She couldn't make herself **heard** above the noise of the traffic.
（彼女は，交通騒音に負けない大きな声で，自分の声を通すことはできなかった）

➜問題 176, 177 で目的格補語に分詞が来る場合の考え方を述べたが，「V＋O＋done」
の形を前提とした **make oneself heard**「自分の声を通す」と **make oneself
understood**「自分の言うことを相手にわからせる」は成句化した表現として押さ
える必要がある。

191　　　　　　　　　　　　　　　　　　　〈It is no use doing「…してもむだだ」〉

動名詞

It is no use arguing with Mr. Tanaka about it.
（そのことで田中氏と議論してもむだだ）

➜動名詞を用いた慣用表現 **It is no use [good] doing**「…してもむだだ」を使っ
て，英文を完成させる。

192

不定詞
分詞

〈It is careless of A to do／leave A done〉

It **was careless of you to leave the front door unlocked**.

（玄関のドアに鍵をかけておかなかったなんて，不注意でしたね）

➡ **careless** は人の性格・性質を表す語だから，全体の骨格を It is careless of you to do の形にする（問題 024 参照）。また leave は目的格補語として分詞をとる動詞（問題 176 の **CHECK 31** 参照）だから，「玄関のドアに鍵をかけておかなかった」は leave the front door unlocked という **leave A done** の形で表現する。

193

不定詞

〈only to do－逆説的結果〉

He hurried to the classroom **only to find that it was empty**.

（彼は急いで教室へ行きましたが，そこには誰もいませんでした）

➡ 副詞用法の結果を表す不定詞については問題 022 で述べたが，もう一つ **only to do**「（～したが）結局…だった」という逆接的結果を表す表現を押さえておきたい。本問はこの表現を使って英文を完成させる。

194

不定詞

〈... enough for A to do〉

This apartment is **large enough for his family to live in**.

（このアパートは彼の家族が住むのに十分な広さです）

➡ **... enough to do**「～するほど…／とても…なので～する」を使うのがポイント。**enough が形容詞・副詞を修飾する場合，その語の後に置く**ことも重要。同意表現として，**so ... as to do** も押さえておこう。

➡ 問題 024，047，050 で述べたように，不定詞の意味上の主語は不定詞の直前に「for＋（代）名詞」を置くのであった。本問でも，for his family を不定詞の直前におき，large enough for his family to live in とまとめる。live in this apartment の表現を前提にしているため，live の後に in が残ることに注意。

195

動詞を含む
イディオム

〈leave nothing to be desired「申し分ない」〉

His **answer leaves nothing to be desired**.

（彼の答えは申し分ない）

➡ **leave nothing to be desired**「申し分ない」の表現を完成させる。この表現はイディオムとして押さえておけばよいが，本来 to be desired は nothing を修飾する形容詞用法の不定詞で「望まれる点を何も残していない」という意味から「申し分ない」の訳語が生じると考えればわかりやすい。同様に **leave much to be desired** なら，「改善の余地が大いにある←望まれる点を多く残している」という意味になる。

196

助動詞

〈had better not do「…しないほうがよい」〉

You **had better not leave your car window** open.

（車の窓は開けっ放しにしておかないほうがいいよ）

➡ **had better do**「…したほうがよい」の否定形は，**had better not do**「…しないほうがよい」の形になる点に注意。

➡ なお，**would rather do**「むしろ…したい」の否定形も，**would rather not do**「むしろ…したくない」となることもここで押さえておこう。

197

時制

〈過去完了の用法〉

I **had just begun taking a bath when all the lights** went out.

（風呂に入ったとたん電気がみんな消えてしまいました）

➡️ 問題015で現在完了の用法，問題165で未来完了の用法を述べたが，**基点を過去のある時点に移して，それまでの完了・結果，経験，継続を表す場合には過去完了(had done)を用いればよい**。本問は完了・結果を表したもので，文構造どおりに訳出すれば，「すべての電気が消えたとき，私はちょうど風呂に入り始めたところでした」となるが，本問に関しては，発話者の意識は与えられた和文のほうが近いであろう。

198

〈完了形の受動態—have been done〉

時制
態

Yesterday he came home and told everyone at the table that he had **been offered a new position in the company**.

（昨日彼は，家に帰って，テーブルに座っているみんなに会社で新しい地位に就いたことを話した）

➡️ **完了形の受動態は have been done で表す**。なお，**進行形の受動態は be being done の形をとる**ことも確認しておこう。

➡️ 本問は (... had) been offered a new position と続けるが，この had been offered の用法は問題197で述べた過去完了の用法とは少しニュアンスが異なる。2つの過去の事柄があって，一方が他方より「前」にあったことを表す場合，**大過去**というが，形は過去完了と同じ had done を使う。本問では「地位に就いた」時点のほうが「話した」時点よりも「前」であることを示す大過去の用法である。

199

〈have A done〉

動詞の語法

The tourists **had their luggage searched in customs**.　〈were 不要〉

（その旅行者たちは荷物を税関で調べられた）

➡️ 問題153, 189で述べた **have A done** の形を使えるかがポイント。were が余る。

➡️ The tourists were searched their luggage in customs. としないこと。この形が成立するためには，能動態で，(S) searched the tourists their luggage の文が成立しなければならないが，search は search A B といった二重目的語をとることはできないためこの文は成り立たない。「私のバッグが盗まれた」という文が，My bag was stolen.／I had [got] my bag stolen. とは言えても，I was stolen my bag. と言えないのも，steal が二重目的語がとれないためである。なお，問題198で he had been offered a new position と言えるのは，**offer A B**「A に B を与える」というように offer は二重目的語をとる動詞だからである。以上，考え方を理解しておこう。

200

〈二重目的語をとる do—do A good〉

動詞の語法

When you feel sick, **a breath of fresh air will do you good**.

（気分が悪くなったら新鮮な空気を吸うとよいでしょう）

➡️ do には二重目的語をとる用法があり，**do A B** で「A に B(益・害・好意)を与える」の意味を表す。B には特定の名詞が来る。本問では名詞の good「利益」が来て **do A good** (=do good to A)「A のためになる」の表現を作る。文構造どおりに訳出すると「新鮮な空気を吸うことはあなたのためになるでしょう」となる。

➡️ その他，**do A harm**=do harm to A「A の害になる」，**do A damage**=do damage to A「A の損害になる」，**do A a favor**「A の頼みを聞き入れる」を押さえておこう。なお，**do A B** は，文脈から明らかな場合，A が省略されることもある。

大問①はよく似た選択肢が多いので，あわてて解くと，意外につまらぬミスを犯しやすい。要注意問題は 206，220，221，227，238，240 などである。問題 236 の worth の語法は頻出かつ落とせない問題。なお，CHECK 32 は得点源になるので必ずすべて覚えておこう。

□201	④	□202	③	□203	④	□204	②
□205	③	□206	③	□207	④	□208	①
□209	①	□210	③	□211	③	□212	③
□213	④	□214	④	□215	③	□216	③
□217	②	□218	②	□219	①	□220	①
□221	①	□222	②	□223	④	□224	②
□225	③	□226	②	□227	②	□228	③
□229	②						

□230	Nothing		□231	less	
□232	size		□233	any other	
□234	idea または notion		□235	room	

□236	④	□237	④	□238	①	□239	③
□240	④						

□241	The proposed bill has little chance of being passed by the Senate.　〈almost 不要〉
□242	Taken by surprise, I hardly knew what to say.　〈seldom 不要〉
□243	I broke my mother's vase this morning.　Hopefully I can get another before she notices.
□244	I don't think it is so serious a question as it seems.
□245	Work is not the object of life any more than play is.　〈more 不足〉
□246	I was quite ignorant of what they intended to do.
□247	She is afraid of gaining weight and eats little.
□248	The number of Japanese who live on bread has increased.
□249	My husband often has a drink on his way home from work.
□250	The elevator was out of order a little while ago.

第5回

解答・解説

201 ④　　　　　　　　　　　　〈分詞形容詞 disappointing−disappointed との相違〉

形容詞の語法

I thought I had done very well on the final exam, but the results turned out to be very **disappointing**.

（最終試験はよくできたと私は思ったが，結果はとても期待はずれだとわかった）

➡ 空所に入る形容詞の主語が the results であることに着眼し，the results と補語となる形容詞との関係を考える。「結果が私を失望させる」わけだから，空所には「人を[に]…させる(ような)」といった能動的な意味を表す分詞形容詞が入るはず。したがって，④ **disappointing**「期待はずれの←人を失望させる」を選ぶ。分詞形容詞の考え方は，問題 088 参照。

➡ ③ disappointed「失望して」はよくない。disappointed の主語は必ず「人」でなければならない。

➡ **turn out to be A**「A だと判明する／A になる」は重要表現。

202 ③　　　　　　　　　　　　　　　　〈分詞形容詞 excited の用法〉

形容詞の語法

Andrew was a brilliant mathematician.　As the problems got more complicated, he became more **excited** about them.

（アンドリューはすばらしい数学者だった。問題が難しくなればなるほど，彼はその問題にわくわくするのであった）

➡ 空所に入る形容詞の主語が he であることに着眼し，he と補語となる形容詞との関係を考える。「彼は問題に興奮させられた」わけだから「(人が)…させられて」といった受動的な意味を表す分詞形容詞 **excited**「わくわくして←興奮させられて」を正答として選ぶ。問題 088 参照。

203 ④　　　　　　　　　　　　　　　　〈分詞形容詞 satisfied の用法〉

形容詞の語法

The professor appeared **to be satisfied** with the results of the experiment.

（教授は実験の結果に満足しているようだった）

➡ 分詞形容詞 **satisfied**「満足して←満足させられて」は「人」を主語にして，**be satisfied with A** で「A に満足する」の意味を表す。問題 088 参照。

➡ ②to have satisfied は to have been satisfied とすれば文意は変わるが可能となる。

204 ②　　　　　　　　　　　　〈分詞形容詞 pleased−be pleased to do〉

形容詞の語法

"How **pleased** we are to hear that you passed the examination !"

（あなたが試験に受かったと聞いて私たちは何とうれしいことか）

➡ 分詞形容詞 **pleased**「喜んで←喜ばせられて」は「人」を主語にして，**be pleased to do** の形で「…してうれしい」の意味を表す。問題 088 参照。本問は we are pleased to hear の pleased が how とともに文頭に移動した感嘆文の形となっている。

205 ③　　　　　　　　　　　　〈紛らわしい successive と successful の意味〉

形容詞の語法

Jill studied very hard, so she was **successful** in the examination.

（ジルは一生懸命勉強したので試験に合格した）

➡ **successful** は「成功した」の意味を表す。**be successful in A** は「A に成功する」の意味を表す成句表現として押さえる。また，②**successive** が「連続の」の意味を表すことも重要。

➡ つづりと意味が紛らわしい形容詞はまとめて覚えておこう。

● **CHECK 32** ●　つづりと意味が紛らわしい形容詞

☐ alike「よく似て」
　likely「ありそうな」
☐ alive「生きて(いる)」
　lively「生き生きとした」
☐ childlike「子どもらしい」
　childish「子どもっぽい」
☐ considerate「思いやりのある」
　considerable「かなりの」
☐ economic「経済の」
　economical「経済的な」
☐ favorite「お気に入りの」
　favorable「好都合の」
☐ healthy「健康な」
　healthful「健康によい」
☐ industrial「産業の」
　industrious「勤勉な」
☐ invaluable「非常に価値のある」
　valueless「価値のない」
☐ manly「男らしい」
　mannish「(女が)男っぽい」

☐ sensitive「敏感な」
　sensible「分別のある」
☐ social「社会の／社交界の」
　sociable「社交的な」
☐ sleepy「眠たい」
　asleep「眠って」
☐ successful「成功した」
　successive「連続の」
☐ imaginable「想像できる」
　imaginary「想像上の」
　imaginative「想像力に富んだ」
　literate「読み書きのできる」
☐ literal「文字どおりの」
　literary「文学の」
　respectable「立派な」
☐ respective「めいめいの」
　respectful「礼儀正しい」

---

206 ③　　　　　　　　　　　〈wrong の用法−the wrong A〉

形容詞の語法

"Hello. May I speak to Mr. Sato, please?"　"You have the **wrong** number."

（「もしもし，佐藤さんと話したいのですが」「電話番号をお間違えですよ」）

➡ **wrong** には **the wrong A** の形で「違う A／間違った A」の意味を表す用法がある。A には **number, train, direction, person** などが来るが，本問のように the wrong number を用いた **You have the wrong number.**「電話番号をお間違えですよ」は会話表現で頻出。なお，① different を用いて，You have the different number. とすることはできないことに注意。

207 ④　　　　　　　　　　　〈形容詞 very−the very＋名詞〉

形容詞の語法

He drank it to the **very** last drop.

（彼はまさに最後の一滴までそれを飲み干した）

➡ **very** には形容詞用法があって，「**the very＋名詞**」の形で「まさにその…／ちょうどその…」の意味を表す。

208 ①　　　　　　　　　　〈紛らわしい industrial と industrious の意味〉

形容詞の語法

The Japanese are an **industrious** people.

（日本人は勤勉な国民です）

➡ **industrious** は「勤勉な」の意味を表し **industrial** は「産業の」の意味。よって，文意から①industrious を選ぶ。問題 205 の **CHECK 32** 参照。

---

209 ①　　　　　　　　　　　　　　　　　　　　　　〈before の用法－ago との相違〉

[副詞の語法]

My friend said that he had seen her a week **before**.

（私の友だちは一週間前に彼女に会ったと言った）

➡ **before** には**過去完了時制**で用い，時間を表す語句を前に伴って「過去のある時点から…前に」の意味を表す用法がある。本問は that-節内の時制が過去完了形であることに注目する。

➡ ② ago は不可。**ago** は常に**過去時制**で用いることに注意。

---

210 ③　　　　　　　　　　　　　　　　　　　　〈紛らわしい late と lately の意味〉

[副詞の語法]

"Did Jack come to work on time today ?" "No, he came to work **late** again."

（「ジャックは今日時間どおり仕事に来ましたか」「いいえ，また遅刻して来ました」）

➡ **late** は「遅く／遅れて」の意味で **lately** は「最近」の意味を表す副詞。よって，文意から ③ late を選ぶ。

➡ **late** と **lately** のように 'ly' の有無によって意味の異なる副詞はまとめて押さえておこう。

> ● CHECK 33 ● **ly の有無によって意味の異なる副詞**
> □ **hard**「一生懸命」－**hardly**「ほとんど…ない」
> □ **high**「高く」－**highly**「非常に」
> □ **just**「ちょうど」－**justly**「公正に」
> □ **late**「遅く」－**lately**「最近」
> □ **most**「最も」－**mostly**「たいていは」
> □ **near**「近くで」－**nearly**「危うく…するところで」
> □ **pretty**「かなり」（形容詞の前で）－**prettily**「きれいに」
> □ **sharp**「きっかりに」－**sharply**「鋭く」

---

211 ③　　　　　　　　　　　　　　　　　　　〈early の用法－fast, soon との相違〉

[副詞の語法]

If she had been born a century **earlier**, she might have been a happier person.

（彼女は 100 年早く生まれていたら，もっと幸せな人間になっていたかもしれないだろう）

➡ **early** は「（時間的に）早く」の意味を表し，**fast** は「速く／迅速に」，**soon** は「すぐに／まもなく」の意味。よって，文意から ③ earlier を選ぶ。なお，本問は仮定法過去完了で表現されており，early の比較級 **earlier** を用いることによって，「実際彼女が生まれたときよりも 100 年早く生まれていたら」といったニュアンスが生まれる。

---

212 ③　　　　　　　　　　　　　　　　　　　〈as＋形容詞＋a＋名詞＋as A〉

[比較]
[語順]

"Everything you cook tastes really good." "Thanks, but I don't think I'm **as good a** cook as you."

（「あなたが料理するものはみんな本当においしい」「ありがとう，でもあなたほど料理

はうまくないと思います」）

➡「**not as [so]＋原級＋as ...**」は「…ほど～でない」の意味を表す原級比較表現。ただし，本英文では not が I'm の後ではなく主節の動詞である think を否定する位置に来ている点に注意。これは英文において否定形は前に出す傾向が強いためである。

➡ as の後の語順に注意。as の後に不定冠詞がくることはなく，「**as＋形容詞＋a＋名詞**」の語順になる。したがって，③ as good a を正答として選ぶ。② as a good の語順にならないことに注意。

➡ as だけではなく so / too / how も同じ語順になる。「**as [so / too / how]＋形容詞＋a＋名詞**」の語順は頻出項目。

213 ④
比較
　　　　　　　　　　　　　　　　　　　　　〈all the＋比較級＋because S＋V ...〉

I like Mike **all the better because he is shy**.
（私はマイクが内気なためにますます彼のことが好きです）

➡「**(all) the＋比較級＋because S＋V ... [for＋名詞]**」で「…なのでそれだけ～」の意味を表す。よって，④ all the better because he is shy を正答として選ぶ。① all better because he is shy，③ all better for his shyness はともに all の後に the が必要。

➡ ② none better for his shyness も none の後に the が必要。「**(all) the＋比較級**」「(…なので)それだけ～」の否定形である「**none the＋比較級**」は「(…だからといって)少しも～ない」の意味を表すこともここで押さえておこう。

214 ④
比較
　　　　　　　　　　　　　　　　　　　　　　　　　　〈none the less＋原級〉

Though he was poor, he was **none the less** happy.
（彼は貧しいけれど，それでも幸せでした）

➡ 問題 213 で「**none the＋比較級**」「(…だからといって)少しも～ない」に触れたが，「**none the less＋原級**」となると，none と less で二重の否定の意味が生じ「(…だが)，にもかかわらず～」の意味を表す。

➡ none the less は **none the less for A**「Aにもかかわらず～」の形で以下のようにも用いる。例文の less は動詞 like を修飾している。
　　I like her *none the less for* her faults.
　　（彼女には欠点があるにもかかわらず，私は彼女のことが好きです）

215 ③
比較
　　　　　　　　　　　　　　　　　　　　　　　　　　　〈be inferior to A〉

The cloth is inferior **to** what I ordered.
（その布は私が注文したものよりも劣っている）

➡ inferior「劣って」はラテン語に由来する語で比較対象を示すのに than ではなく to を用い，**be inferior to A**「Aよりも劣っている」の形になることに注意。慣用表現として押さえる。

➡ be inferior to A 以外にもラテン語から由来した慣用表現として，**be superior to A**「Aよりもすぐれている」，**be senior to A**「Aより年上[先輩]だ」，**be junior to A**「Aより年下[後輩]だ」，**be preferable to A**「Aよりも好ましい」もここで押さえておこう。

216 ③
比較
　　　　　　　　　　　　　　　　　　　　　　　　　　　〈second to none〉

Susie is second to **none** in her music class.

(スージーは音楽のクラスでは誰にも負けない)

➡ **second to none** は最上級の意味を表す成句表現で、「誰 [何] にも劣らなくて」の意味を表す。

---

217 ②　　　　　　　　　　　　　　　　　　　　　　　　　　〈for free〉

形容詞を含む イディオム

"Wow, you bought two suits, did you?"　"No, there's a sale and if you buy one suit, you can get another for **free**."

(「あら、2着もスーツを買ったの」「いいえ、特売があって、1着買うとただでもう1着もらえるんです」)

➡ **for free**「無料で」は頻出イディオムとして押さえる。

➡ 同意表現の **for nothing／without charge／free of charge** もここで押さえておこう。

---

218 ②　　　　　　　　　　　　　　　　　　　　　　　　　　〈be familiar to A〉

形容詞を含む イディオム

His reputation as a physician is familiar **to** us.

(内科医としての彼の評判は私たちによく知られている)

➡ **be familiar to A**「A によく知られている」は重要表現として押さえておく。

➡ **be familiar with A**「A をよく知っている」もここで押さえておこう。

---

219 ①　　　　　　　　　　　　　　　　　　　　　　　　　　〈so far〉

副詞を含む イディオム

"It's strange that Jane hasn't come yet."　"Yes, she hasn't missed a single meeting so **far**."

(「ジェインがまだ来ていないのは変ですね」「ええ、彼女は今まで一度も会議を欠席したことはありません」)

➡ **so far＝until now＝thus far**「今まで」で押さえる。

---

220 ①　　　　　　　　　　　　　　　〈紛らわしい appointment, promise と reservation〉

名詞の語法

I'd like to make **a reservation** for the express train that leaves for Tokyo at 12 : 30.

(12 時 30 分発の東京行き急行列車の予約をしたい)

➡ **reservation** は「(列車・ホテル・劇場の座席などの)予約」を表す。**make a reservation for A**「A の予約をする」の形で押さえる。

➡ ③の **appointment** は「(医者・美容院などの)予約／(面会の)約束」を表す。②の **promise** は「(…するという)約束」を意味し、通例、後に to-不定詞や同格の that-節が続くことに注意。

---

221 ①　　　　　　　　　　　　　　〈appointment の用法—make an appointment〉

名詞の語法

Be sure to make **an appointment** before you call on someone.

(人を訪問する前に必ず面会の約束をしなさい)

➡ 問題 220 で扱ったように、「(面会の)約束」の場合は promise ではなくて appointment を用いる。**make an appointment (with A)**「(A と)会う約束をする」の形で押さえる。

➡ appointment を用いた **have an appointment with A**「A と会う約束がある」も頻出なのでここで押さえておこう。

222　②　　　　　　　　　　　　　　　　　　　　〈常に複数形を用いる表現－take turns doing〉

名詞の語法

Fred and George took **turns** driving the car.

（フレッドとジョージは交替でその車を運転した）

➡ **take turns (in / at) doing** は「交替で…する」の意味を表す。**turn** は「順番」を表す名詞だが，この表現の場合は必ず複数形になることに注意。定式化された表現として押さえる。なお，in / at は省略されることも多い。

➡ take turns (in / at) doing と同じように目的語を慣用的に複数形にする表現を以下にまとめておくので一緒に押さえておこう。

●CHECK 34●　慣用的に複数形を用いる表現
□ **change trains [planes]**「列車［飛行機］を乗りかえる」，
□ **change one's shirts**「シャツを着替える」
□ **shake hands**「握手をする」
□ **take turns (in / at) doing**「交替で…する」
□ **make friends**「友だちになる」

223　④　　　　　　　　　　　　　　　　　　　　　〈所有代名詞の用法－his〉

代名詞の語法

Her English is as good as **his**.

（彼女の英語は彼の英語と同じくらい良い）

➡ ① he や③ him を選ばないこと。「彼女の英語」の比較対象が「彼」ではおかしい。本問は所有代名詞の **his**「彼のもの」を正答として選ぶ。正答の④ his は his English を表す。

➡ 人称代名詞の変化は以下にまとめておくので確認しておこう。

●CHECK 35●　人称代名詞

		主格	所有格	目的格	所有代名詞
1人称	単数	I	my	me	mine（私のもの）
	複数	we	our	us	ours（私たちのもの）
2人称	単数	you	your	you	yours（あなたのもの）
	複数	you	your	you	yours（あなたたちのもの）
3人称	単数	he	his	him	his（彼のもの）
		she	her	her	hers（彼女のもの）
		it	its	it	——
	複数	they	their	them	theirs（彼らのもの）

＊it の所有代名詞はないことに注意。

224　②　　　　　　　　　　　　　　　　　　　　　〈own の用法－his own house〉

代名詞の語法

Because he had lost all his money, Mr. Smith had to sell **his own** house.

（スミス氏はすべてのお金を失ったので，自分自身の家を売らなければならなかった）

➡ own は名詞や代名詞の所有格を伴い **A's own (...)** の形で「A 自身のもの（である…）」の意味を表す。また，own を用いた成句表現の「**名詞＋of A's own**」「A 自身の…」もここで押さえる。

➡️ ① himself's は不可。himself は再帰代名詞だが，再帰代名詞に所有格はない。

➡️ ④ his that もよくない。his などの所有格は a，this，these，that，those，no，some，any などと一緒に並べて名詞を修飾することはできない。つまり，「彼のあの家」は his that house や that his house とは表現できない。所有代名詞を用いて，「**不定冠詞および冠詞相当語（a, this, these, that, those, no, some, any など）＋名詞＋of＋所有代名詞**」の語順にして表現する。したがって，「彼のあの家」は that house of his となる。

225　③　　　　　　　　　　　　　　　　　　　　　〈every の用法−every other A〉

[形容詞の語法]　I visit my aunt in hospital **every** other day：Monday, Wednesday, and Friday.

（私は，月・水・金と1日おきに叔母を病院へ見舞いに行きます）

➡️ **every other A** は「ひとつおきの A」の意味を表す。本問の **every other day** は「1日おきに」の意味。成句表現として押さえておく。

➡️ every を用いた「**every＋基数＋複数名詞**」や「**every＋序数＋単数名詞**」もここで押さえておこう。ともに「…ごとに」の意味を表すが，基数の場合は必ず複数名詞を，序数の場合は必ず単数名詞を用いることに注意。「6か月ごと」であれば，それぞれ **every six months, every sixth month** となる。

226　②　　　　　　　　　　　　　　　　　　　　　　〈each の用法−each of A〉

[代名詞の語法]　**Each** of the three boys got a prize.

（3人の少年はそれぞれ賞をとった）

➡️ 代名詞 **each** は通例 **each of A** の形で「A のめいめい／各々」の意味を表す。**A には必ず定冠詞や所有格で限定された名詞や目的格の代名詞がくる**。なお，each of A が単数扱いであることも重要。

➡️ ③ Every は不可。**every は単独では用いず，必ず「every＋単数名詞」の形で用いる**。

227　②　　　　　　　　　　　　　　　　　　　〈either の用法−on either side of A〉

[代名詞の語法]　There are trees on **either** side of the street.

（通りの両側に木が植えられている）

➡️ 肯定文中で **either** を用いると形容詞なら「どちらの…も／いずれか一方の…」，名詞なら「どちらも／いずれか一方」のそれぞれ2つの意味を表す。どちらの意味になるかは文脈によって決まるが，side, end, hand など2つで1対になっている語とともに形容詞として用いる場合は **both** と同意の「どちらの…も」の意味を表す。ただし，both の場合は「**both＋複数名詞**」，either の場合は「**either＋単数名詞**」になることに注意。本問は単数名詞 side が用いられているので ① both ではなく ② either を正答として選ぶ。

➡️ ③ other はよくない。少なくとも the other となるはず。side の場合は必然的に対象は2つになるので the をつけて the other「残りのもう一つ」であれば，on the other side of the street「通りのもう一方の側」となり文意は異なるが可となる。問題 070 参照。

228　③　　　　　　　　　　　　　　〈「前置詞＋再帰代名詞」の慣用表現−to oneself〉

[代名詞の語法]　The boy, left to **himself**, began to cry.

（ひとりっきりにされると，少年は泣き出した）

➡ 再帰代名詞は前置詞を伴って慣用的な表現を形成する。**to oneself** は「自分だけに」の意味を表し，leave，keep，have などの動詞と一緒に使われて成句表現を形成することが多い。**be left to oneself**「ひとりにされる」で押さえておこう。なお，本問は主語の後に過去分詞で始まる受動態の分詞構文が用いられている点に注意。問題 179 参照。

➡ to oneself を用いた **keep A to oneself**「A を独り占めする／人に話さないでおく」も頻出。

● CHECK 36 ● **注意すべき「前置詞＋再帰代名詞」の慣用表現**

□ **by oneself**（＝alone）「ひとりで／独力で」
□ **to oneself**「自分だけに」
□ **for oneself**「独力で／自分のために」
□ **in itself／in themselves**「本質的に／それ自体で」
□ **in spite of oneself**「思わず」
□ **between ourselves**「ここだけの話だが」
□ **beside oneself**「われを忘れて」

---

229 ②　　　　　　　　　　　　　　〈It makes no difference to A wh-節〉

名詞を含む
イディオム

It made no **difference** to Jim whether he got invited to the party or not.
（ジムにとってパーティーに招待されるかされないかはどうでもよかった）

➡ **It makes no difference (to A) wh-節**「…は（A にとって）どうでもよい」は成句表現として押さえる。

➡ 同意表現の **It doesn't matter (to A) wh-節／It is all the same (to A) wh-節**もここで押さえておこう。

---

230 Nothing　　　　　　　　　　　　〈Nothing is＋比較級＋than A〉

比較

(a) Time is the most precious thing.
(b) **Nothing** is more precious than time.
(a)（時間は一番貴重である），(b)（時間ほど貴重なものはない）

➡ 比較表現でありながら最上級の意味を表す「**Nothing is＋比較級＋than A**」「A ほど…なものはない」が本問のポイント。問題 086 参照。

---

231 less　　　　　　　　　　　　　　　〈less＋原級＋than ...〉

比較

(a) This device is not so expensive as that one.
(b) This device is **less** expensive than that one.
(a)(b)（この装置はあの装置ほど高くない）

➡「**not so [as] ＋原級＋as ...**」「…ほど～ではない」は比較表現の「**less＋原級＋than ...**」と同意となる。「**not so [as] ＋原級＋as ...**」＝「**less＋原級＋than ...**」と押さえる。

---

232 size　　　　　　　　　　　　〈倍数表現－half the＋名詞＋of A〉

比較

(a) My hometown is about half as big as Kamakura.
(b) My hometown is about half the **size** of Kamakura.
(a)(b)（私の故郷は鎌倉の約半分の大きさです）

➡ 問題 059 で触れた「**half as＋原級＋as A**」「A の半分の～」は「**half the＋名詞＋of A**」と表現することができる。

➡ 問題 059 で扱った「... times as＋原級＋as A」も「... times the＋名詞＋of A」
と表現できることも押さえておこう。なお，この形で用いる名詞は，長さ（**length**），
大きさ（**size**），重さ（**weight**），高さ（**height**），数（**number**）などに限られている
ので英作文では避けたほうが無難。

233　any other　　　　　　　　　　　　〈比較級＋than any other＋単数名詞〉

〔比較〕

(a) He is the best tennis player in Japan.

(b) He plays tennis better than **any other** player in Japan.

(a)（彼は日本で 1 番うまいテニス選手です），(b)（彼は日本の他のどのテニス選手よ
りもテニスがうまい）

➡ 問題 086 で扱った「**A is＋比較級＋than any other＋単数名詞**」「A は他のいか
なる〜よりも…」が本問のポイント。

234　idea または notion　　　　　　　　　　　　　　〈have no idea wh-節〉

〔名詞を含む
イディオム〕

(a) I cannot tell what will happen in the future.

(b) I have no **idea** [**notion**] what will happen in the future.

(a)(b)（将来なにが起こるかわからない）

➡ **idea** には「理解／見当」の意味があって **have no idea＝don't have any idea**
で「わからない」の意味を表す。have no idea は後に of [about] A を伴って「A
がわからない」の意味を，また，本問のように wh-節や that-節を直接伴って「…
がわからない」といった意味を表すことが多い。なお，**idea** の代わりに **notion**
を用いてもほぼ同じ意味を表す。

➡ **have no idea (of A)** と同意表現の **don't have the slightest [least / faintest
/ remotest] idea (of A)**「(A のことが)まったくわからない」もここで押さえて
おこう。have no idea (of A)よりも意味的には強い。

235　room　　　　　　　　　　　　　　　〈不可算名詞 room の用法－room for A〉

〔名詞の語法〕

(a) This plan can be improved considerably.

(b) There is a lot of **room** for improvement in this plan.

(a)（この計画はかなり改善されることができる），(b)（この計画は改善の余地がかなり
ある）

➡ 問題 066 で扱った不可算名詞 room を用いた **room for A**「A の余地」が本問の
ポイント。

236　④（→doing）　　　　　　　　　　　　〈worth の用法－A is worth doing〉

〔形容詞の語法〕 There are plenty of things which are worth **doing**.

（やる価値のあることは山ほどある）

➡ **worth** は形容詞でありながら名詞や動名詞を目的語にとり，**A is worth doing**
の形で「A は…する価値がある」の意味を表す。ただし，worth の後に不定詞が
続く A is worth to do の形はないことに注意しよう。したがって，本問は to do
を doing にすることによって正しい英文となる。なお **A is worth doing の主語**
の A は必ず動名詞 doing の意味上の目的語になっていなければならないことも押
さえておく。本問の場合も，先行詞の things が doing の意味上の目的語となる。

➡ A is worth doing は次のように書きかえることができることも押さえておこう。

**A is worth doing＝It is worth doing A＝It is worth while to do A＝It
is worth while doing A**

237 ④ （→another）　　　　　　　　　　　　〈A is one thing and B is another〉

代名詞の語法　My father used to say that to know is one thing and to teach is **another**.

(私の父は，知っていることと教えることは別物である，と言ったものだった)

➡ **A is one thing and B is another** は「A と B は違うことである」という意味
を表す。**A is different from B** との言いかえで問われることも多い。慣用的な
表現として押さえておこう。

238 ① （→each other）　　　　　　　　　　〈副詞でなく代名詞の each other〉

代名詞の語法　Jack and Brenda met **each other** for the first time while jogging in Central Park.

(ジャックとブレンダは，セントラルパークをジョギングしているときに，初めてお互いに出会った)

➡ **each other**「お互い」は代名詞であることを押さえておく。本問の met は他動詞
　　meet「…に出会う」の過去形だから，met の後の to を取れば正しい英文となる。

239 ③ （→ other）　　　　　　　　〈形容詞 other の用法－the other A〉

形容詞の語法　One man had gained his social position through study and hard work, whereas the **other** man had got his through tricks and deceit.

(ひとりの男は勉学と一生懸命働くことで自分の社会的地位を獲得していたが，もう一方の男は詐欺とペテンで地位を得ていた)

➡ **another** は「an＋other」であるわけだから another の前に the がつくことはない。another を other にすれば正しい英文となる。**the other A**「(2 つのうちで)
もう一方の A」は問題 072 参照。なお，got のあとの his は所有代名詞で his social position を表す。

240 ④ （→American (rice)）　　　　　　　　〈one は不可算名詞を受けない〉

代名詞の語法　Japanese rice is more expensive than **American (rice)**.

(日本のコメはアメリカのコメよりも高い)

➡ **one** は問題 069 で述べたように可算名詞を指すのであって，**不可算名詞を指すこ
とはできない**。rice は不可算名詞なので American rice を American one で受
けることはできない。本問は rice を反復して American rice とするか，rice を省
略して American とすれば正しい英文となる。

241　　　　　　　　〈chance の用法－have little chance of doing〉

名詞の語法　The **proposed bill has little chance of being passed** by the Senate.

　　　　　　　　　　　　　　　　　　　　　　　　　　〈almost 不要〉

(提案されたその法案が上院を通過する見込みはほとんどない)

➡ **chance** には「見込み／可能性」(＝**possibility**)の意味があって，**have little
chance of doing** で「…する可能性はほとんどない」の意味を表す。本問は，主
語を和文から The proposed bill とまとめて have little chance of doing の表
現をその後に用いればよい。of 以下は，by the Senate があるから受動態の動名
詞の形 being passed になる。almost は使う余地がない。

242　　　　　　　　　　　　　〈hardly の用法－seldom との相違〉

副詞の語法　**Taken by surprise, I hardly knew what** to say.　　〈seldom 不要〉

(不意を突かれて，私は何と言ってよいのかほとんど分からなかった)

→ **hardly [scarcely]** は程度を表す準否定語で「ほとんど…ない」の意味を表し，**seldom [rarely]** は頻度を表す準否定語で「めったに…ない」の意味を表す。本問は文意から seldom ではなく hardly を用いることができるかがポイント。hardly を用いて後半を I hardly know what to do とまとめ，前半を成句表現の **take A by surprise**「A の不意をつく」を過去分詞で始まる受動態の分詞構文（問題 179 参照）の形 Taken by surprise とまとめる。

243   〈another の用法／before S＋V …〉

代名詞の語法
接続詞

I broke my mother's vase this morning. Hopefully **I can get another before** she notices.
（今朝，お母さんの花びんを割ってしまった。気づかれないうちに代わりを買っておけるといいんだけど）

→ 選択肢の中の **another** が「割ってしまった花びん」以外の「不特定の別の花びん」を表すことを見抜く。

→ **before** は「…する前に」の意味を表す接続詞だが，本問のように，文脈によっては「…しないうちに」と訳出する場合がある。これはあくまでも訳出の問題であり，before 以下を否定形にする必要がないことに注意。正誤問題でよく出題される。

244   〈not so [as] ＋形容詞＋a＋名詞＋as A〉

比較
語順

I don't think it is so serious a question as it seems.
（それは思われているほど難しい問題だとは思いません）

→ 問題 212 で扱った「**not so [as] ＋形容詞＋a＋名詞＋as A**」「A ほど…でない」の表現が本問のポイント。本問でも not が主節の動詞である think を否定する位置に来ることに注意。

245   〈A is not B any more than C is D〉

比較

Work is not the object of life any more than play is.   〈more 不足〉
（仕事が人生の目的でないのは，遊びがそうでないのと同じです）

→ 問題 095 で触れた **A is no more B than C is D**「C が D でないのと同様に A は B でない／A が B でないのは C が D でないのと同様である」の同意表現である **A is not B any more than C is D** を用いるのが本問の狙い。

246   〈be ignorant of A〉

形容詞を含む
イディオム

I was quite ignorant of what they intended to do.
（彼らが何をしようとしていたかまったく知らなかった）

→ **be ignorant of A**「A を知らない」を知っていれば容易に解けるだろう。A の部分は what で始まる疑問詞節にすればよい。

247   〈be afraid of doing／gain weight〉

形容詞を含む
イディオム
名詞の語法

She is afraid of gaining weight and eats little.
（彼女は体重が増えるのを心配して，ほとんど食べない）

→ **be afraid of doing**「…するのではないかと心配する」の表現を英文の骨格にする。

→ **gain [put on] weight** で「体重が増える」の意味を表す。本問は gain weight の動名詞形の gaining weight を She is afraid of に続けられれば後は容易にまとめられるだろう。なお，gain [put on] weight の weight の前に所有格を置

かないことに注意。正誤問題でよく狙われる。

➡ 反意表現の **lose weight**「やせる」もここで押さえておこう。

248 　　　　　　　　　　　　　　　　　　　　　〈the number of A／live on A〉

名詞の語法

動詞を含む
イディオム

The **number of Japanese who live on bread has increased**.

（パンを主食にする日本人の数は増えた）

➡ 問題 053 で触れた **the number of A**「A の数」を主語に用いるのがポイント。ま
ず，The number of Japanese とまとめ，その後に関係代名詞節 who live on
bread を続けて主語を作る。次に the number of A は単数扱いなので，述語動詞
を has increased とまとめて，主語の後に続ければよい。

➡ **live on A**「A を常食とする」は重要表現。また，**The number of A has in-
creased**「A の数が増えた」は定式化された表現として押さえておく。

249 　　　　　　　　　　　　　　　　　　　　　　　　　　　　　〈on one's way〉

名詞を含む
イディオム

名詞の語法

My husband often **has a drink on his way home from work**.

（夫は仕事帰りによく一杯やる）

➡ **on one's [the] way** は「途中で」の意味を表す成句表現。本問は「仕事帰りに」
を on his way home from work とまとめられるかがポイント。

➡ **work** は「職場／仕事」の意味では不可算名詞なので，前に不定冠詞の a をつけな
いこと。不定冠詞の a は，**have a drink**「一杯飲む」で使う。

250 　　　　　　　　　　　　　　　　　　　　　　　　　　　　　　〈out of order〉

名詞を含む
イディオム

The **elevator was out of order a little** while ago.

（そのエレベーターはしばらく前は故障していた）

➡ 問題 076 の **CHECK 15** で触れた **out of order**「故障して」を知っていれば容易
にまとめられるだろう。「しばらく前は」は a little while ago とまとめる。なお，
この while は名詞で「時間」の意味。

問題 260〜263 は関係詞の本質的理解が試される問題。自分の理解度を厳しくチェックすること。大問⑤は，ある程度の実力があれば全問正答が可能であるが，半分以上間違えた諸君も多いはず。その意味では，「合否が分かれる問題」である。後日もう一度チャレンジすること。

251	④	252	③	253	①	254	③
255	①	256	④	257	①	258	③
259	④	260	①	261	④	262	①
263	③	264	①	265	②	266	④
267	①	268	④	269	④	270	②
271	②	272	①	273	②	274	④
275	④	276	④	277	④	278	③
279	③	280	④	281	②		

282	condition	283	To my
284	least または slightest	285	fear

286	①	287	②	288	③	289	④
290	②						

291	My sister speaks English so fluently that she is sometimes taken for an American on the telephone. 〈mistake 不要〉
292	It was such bad weather that we stayed home all day.
293	It's not so difficult to ride a bicycle once you've learned how.
294	I was staring at him with my mouth wide open.
295	Can you imagine a time when the world is free of war?
296	I've come to the conclusion that all a counselor can do is offer choices.
297	The only thing they cared about was how to cure the patients.
298	Who do you think left this bag?
299	You might have thought you could have your own way, but that is not the way things go.
300	Never did I dream he would come and see me.

第6回

解答・解説

Step 2 Part 3 〔251-300〕

251 ④ 〈道具の with「…を使って／…で」〉
前置詞

These photographs were taken **with** a very good camera.
(これらの写真はとても良いカメラで撮影された)

➡ **道具・手段を表す with**「…を使って／…で」を入れる。

➡ ③by を入れないこと。受動態で用いられる by は「動作主」を表す。本問の英文では，動作主を表す by A が省略されているのである。

252 ③ 〈輸送手段を表す by〉
前置詞

I didn't feel like walking home, so I came home **by** taxi.
(家まで歩く気がしなかったので，タクシーで帰宅した)

➡ 「**by＋無冠詞名詞**」で輸送手段を表す。**by taxi**「タクシーで」／**by train**「列車で」／**by land**「陸路で」／**by air**「空路(飛行機)で」などが代表例。ただし，ある特定の具体的な乗りものが言われている場合，つまり，冠詞や所有格などが名詞の前に置かれている場合は，通例 by を用いることはできない。その際，何かに囲まれた「内部」を意識する小型の輸送手段の場合は，**in a taxi／in his car／in the elevator** のように in を使い，大型の具体的な輸送手段の場合は，**on the train／on the ship／on a bus** のように on を使う。最近は，by taxi と in a taxi, by car と in his car の違いを問う問題も増加しているので正確にしておこう。

➡ よって②in は不可。空所の後が a taxi であれば by ではなく in が正答になる。

253 ① 〈能力の限界を超えたことを表す beyond〉
前置詞

The view from the hill was **beyond** description.
(その丘からの眺めは，言葉では言い表せなかった)

➡ **beyond A** には「A の(能力の)限界を超えている」ことを表す用法がある。その beyond を使った成句表現として，**beyond description [words]**「言葉では表現できないほど」／**beyond recognition**「見分けがつかないほど」／**beyond belief**「信じられないほど」／**beyond reach**「手の届かないほど」を押さえておこう。

254 ③ 〈among の用法〉
前置詞

I was the only male **among** the eleven of us.
(私は，私たち 11 人の中で唯一の男性だった)

➡ **among** は通例，複数(扱い)名詞を従えて「…の中で／…の間に」の意味で用いられる。

➡ ①in が「…の中で」の意味で用いられる場合は，*in* his class のように原則として単数名詞を伴うので，本問では不可。また ②between は，問題 141 で述べたように 2 者を前提にして用いるので，これも不可。なお，among には 2 者の間を表す用法はないことも押さえておこう。

255 ① 〈on the phone「電話で」〉
前置詞

I don't like my job. I spend most of my time talking **on** the phone.

（私は，自分の仕事が好きではない。私はほとんどの時間を電話で話すのに使っている）

➡️「電話で」は，**on [over] the phone** または **by phone** で表す。本問は over があればそれも正答になる。

256　④
〈in charge of A「A に責任を持って」〉

群前置詞

She is in **charge** of selling tickets.

（彼女はチケット販売の責任者だ）

➡️ **in charge of A** は，「A に対して責任を持って／A を引き受けて」の意味で，本問のように，be 動詞の後で補語的に用いられることが多い。

257　①
〈価格・速度・割合などを表す at〉

前置詞

I bought this TV set **at** a low price.

（私はこのテレビを安い値段で買った）

➡️ **at** には価格・速度・割合などを表す用法がある。**at a low price**「安い値段で」／**at five cents**「5 セントで」／**at 40 miles an hour**「時速40マイルで」／**at a surprising rate**「驚くべき割合で」などの表現で押さえておくとよい。

258　③
〈in search of A「A を捜して」〉

群前置詞

The boys went to Mt. Akagi in search **of** the hidden Tokugawa treasures.

（その少年たちは，隠された徳川家の財宝を捜して赤城山へ行った）

➡️ 群前置詞の **in search of A**「A を捜して」を完成させる。

➡️ 自動詞 search には **search for A**「A を捜す」の用法があるが，群前置詞は in search *of* A である。混同しないこと。

259　④
〈for the sake of A「A のために」〉

群前置詞

I want to do it for the **sake** of creating interest in young people.

（私は，若者に興味をもってもらうためにそれをしたい）

➡️ 群前置詞の **for the sake of A**「A のために(目的・利益)」を完成させる。

260　①
〈my little brother who I believed was among the crowd の構造〉

関係詞

I was looking for my little brother **who** I believed was among the crowd.

（私は，その群衆の中に必ずいると思っていた弟を捜していた）

➡️ 本問の文構造の前提となる 2 文は，以下のとおり。

> I was looking for *my little brother.*
> I believed *he* was among the crowd.

➡️ 主格の he が用いられているから，関係代名詞は **who** になる。その who が，I believed を飛び越えて，節の頭に置かれたのが本問の英文。このように，関係代名詞の直後に「S＋V」などが入りこんだように見える形を，**連鎖関係代名詞節**と呼ぶ。関係詞の問題の最頻出項目。正誤問題，整序問題でもよく出題される。なお，この構造では，who などの主格関係代名詞であっても省略されることがあるので，英文読解では注意したい。

261　④
〈節内で前置詞の目的語となる語が先行詞／関係副詞の考え方〉

関係詞

This is the house in **which** I was born.

（これは私が生まれた家です）

➡️ 本問の文構造の前提となる 2 文は，以下のとおり。

$$\left\{\begin{array}{l}\text{This is } \textit{the house.} \\ \text{I was born in } \textit{it.}\end{array}\right.$$

➡ 節内で前置詞の目的語となっている語が先行詞となっている場合，⑦**目的格関係代名詞にしてそれのみを節の頭に持ってくる（前置詞は後置される），**④**「前置詞＋関係代名詞」をワンセットで節の頭に持って来る，**という2通りのやり方がある。その場合，⑦の形では**目的格関係代名詞は省略可能だ**が，④の形では**省略できない**という点，また④の形では **that は用いられない**という点が重要。

　　　⑦ This is the house (**which / that**) I was born *in*.

　　　④ This is the house *in* **which** I was born.

➡ 本問は④の形で，④ which を選ぶ。上に述べたように，④の形で that は用いられない，つまり「**前置詞＋that**」の形はないので② that は不可。

➡ ③ where は不可。確かに関係副詞 where は場所が先行詞の場合に用いるが，**関係副詞は常に「前置詞＋which」の構造を内在しており，**その構造を前提にしてはじめて，場所を表す語が先行詞なら **where**，時を表す語が先行詞なら **when**，理由を表す語（通常 reason）が先行詞なら **why** を使うのである。本問に関して言うなら，以下のように④の英文の in which をまるごと where におきかえることはできる。

　　　⑦ This is the house *where* I was born.

262　①　　　　　　　　　　　　　　　〈目的格関係代名詞の省略—前置詞の後置〉

[関係詞]

It was the first city **we stayed in** during the trip.

（それは，私たちが旅行中に最初に滞在した都市でした）

➡ 本問の文構造の前提となる2文は，以下のとおり。

$$\left\{\begin{array}{l}\text{It was } \textit{the first city.} \\ \text{We stayed in } \textit{it} \text{ during the trip.}\end{array}\right.$$

➡ 問題261で作った，⑦④⑦の3つのパターンを確認してみよう。

　　　⑦ It was the first city (**which / that**) we stayed *in* during the trip.

　　　④ It was the first city *in* **which** we stayed during the trip.

　　　⑦ It was the first city *where* we stayed during the trip.

➡ 選択肢の中で正しい形をとっているのは，① we stayed in しかない。これは⑦の形で目的格関係代名詞 which / that が省略されたものである。

263　③　　　　　　　　　　　　　　　　　　　　　〈関係副詞 where〉

[関係詞]

"Are you going somewhere during the vacation?"　"Yes, I've found a nice beach **where** I can enjoy swimming even in February."

（「休暇の間にどこかに出かけますか」「ええ，2月でも水泳が楽しめるすてきな砂浜を見つけたのです」）

➡ 本問の文構造の前提となる2文は，以下のとおり。

$$\left\{\begin{array}{l}\text{I've found } \textit{a nice beach.} \\ \text{I can enjoy swimming at } \textit{it} \text{ even in February.}\end{array}\right.$$

➡ swimming の後に前置詞 at は残っていないので，問題261で見た⑦④⑦のパターンのうち④か⑦であることがわかる。④パターンで選択肢に at which があればそれも正答になるが，本問は⑦パターンで関係副詞の ③ where を入れる。

264　①　　　　　　　　　　　　　　　〈後の文内容を先行詞とする関係代名詞 as〉

[関係詞]

As is often the case with Steve, he was absent from class on that day.

（スティーブにはよくあることだが，その日も授業を欠席した）

➡ 問題138で述べたように，**関係代名詞 as は，非制限用法で用いられ前文の文内容や後の文の文内容を先行詞とする用法がある。as is often the case (with A)** 「(A には)よくあることだが」／**as is usual (with A)**「(A には)いつものことだが」といった表現で用いられることが多い。

➡ ③ Which は不可。which には問題111で述べたように，前文の文内容を先行詞として非制限用法で用いることはできるが，後の文の文内容を先行詞とすることはできない。

---

265 ②
接続詞
〈unless S＋V ...「…しない限り」〉

We should not keep dogs **unless** we can take good care of them.
(犬の面倒を十分にみることができない限り，犬を飼うべきでない)

➡ 文意から接続詞の ② **unless**「…しない限り」を選ぶ。unless は否定の意味を含む接続詞で，unless ... は通例 if ... not ... に置きかえられるが，排除的色彩が強く，すべての if ... not ... を unless ... に置きかえられるわけではない。unless のほうが使用範囲が狭いので，unless ... と if ... not ... が選択肢に並んでいるときや，英作文で迷うときには if ... not ... を使うのが無難。

---

266 ④
接続詞
〈now (that) S＋V ...「今やもう…なので」〉

Now that the rain has stopped, the field will dry out soon.
(もう雨がやんだのだから，フィールドはすぐに乾くだろう)

➡ 文意から ④ Now that を選ぶ。接続詞の **now (that)**「今やもう…なので」は，that が省略され now だけで用いることもある。

---

267 ①
接続詞
〈so that S will ...「…するために」〉

I spent all Friday working on my homework **so that** I would be free to go hiking the next day.
(翌日心おきなくハイキングに行けるように，私は金曜日はずっと宿題に取り組んですごした)

➡ **so that S will [can / may] ...／in order that S will [can / may] ...** で，「…するために」という「目的」を表す副詞節を作る用法がある。なお，最近は，so that S will [can / may] ... の that を省略して **so S will [can / may] ...** の形で口語的に用いられることもある。この形を問う問題も増えているので，要注意。

➡ **so that** の前に通例カンマを置いて，「それで／その結果」という「結果」を表す用法もあるので注意。
　　I was tired, *so that* I didn't go out.
　　(私は疲れていたため，外出しなかった)

---

268 ④
疑問文
〈How do you like A?「A はどうですか」〉

A：**How** do you like Sendai?
B：Oh, I like it very much.
(A「仙台はどうですか」　B「ああ，とても気に入っているよ」)

➡ **How do you like A?**「A はどうですか」は，好き嫌いについて問う表現。

➡ ② What, ③ Which は疑問代名詞。空所の後には完結した文が来ているので(代)名詞の機能する余地はない。① Why は疑問副詞なので文法的には可だが，B の発言と合わない。

269　④　〈**What ... for ?**「何のために…するのか」〉
疑問文

What should I take your advice for ?
(どうして君の忠告に従わなければならないのか)

➡ 文尾に for があることに注意。**What ... for ?** は，「何のために…するのか」という意味の表現。What は前置詞 for の目的語である。なお，この表現は Why ... ?「なぜ…なのか」と同意で用いられることが多く，本問も以下の言いかえが可能。

　　　Why should I take your advice ?

270　②　〈**Who do you think＋V ... ?**〉
疑問文

Who do you think helped him ?
(誰が彼を手伝ったと思いますか)

➡ ① Why do you think, ③ How do you think にすると，helped の主語がなくなるので不可。問題の焦点は ② Who do you think か, ④ Do you think who かである。本問の英文に対する返答としては，たとえば "I think James helped him." といった表現が考えられる。つまり，本英文は yes / no の答を求めていないのである。**do you think** [**believe / suppose / consider / say**] **などが疑問詞で始まる間接疑問を目的語にする場合**，yes / no の答を要求しているのではないから，**疑問詞を必ず文頭に置く**というきまりがある。よって，② が正答である。この点は，正誤問題や整序問題でも頻出。

➡ 以下は，yes / no の答を要求する典型的な例である。

　　　"*Do you know who* helped him ?" "*No, I don't.*"
　　　(「誰が彼を手伝ったか知っていますか」「いいえ，知りません」)

271　②　〈**so＋be動詞＋S**「S もまたそうである」〉
語順

I'm looking forward to visiting Korea this summer, and **so is my sister**.
(私はこの夏韓国を訪れるのを楽しみにしているし，私の妹もそうです)

➡ 前述の肯定内容を受けて「**so＋be動詞**[**助動詞／完了形の have**]**＋S**」の語順で「S もまたそうである」の意味になる。本問は I'm looking ... の進行形で be動詞が使われているので ② So is my sister が正答になる。I *like* him and so *does* my sister. (私は彼を好きだし，妹もそうだ)のように一般動詞を受ける場合は do [does / did] を用いること，助動詞があれば so *can* my sister などになること，さらには完了形を受ける場合は，so *has* my sister などになることも押さえておこう。

➡ よく似た形に「**so＋S＋be動詞**[**助動詞／完了形の have**]」の形があるが，こちらは前述の内容を受けて「そのとおりだ」の意味になる。以下の例，参照。

　　　You said Jane was kind and *so she is.*
　　　(ジェーンは親切だと君は言ったが，実際そのとおりだね)

272　①　〈**Nor＋助動詞＋S**「S もまたそうではない」〉
語順

A : I don't like liver at all.
B : **Neither do I.**
(**A**「私はレバーがちっとも好きじゃない」　**B**「私も(好きじゃないの)よ」)

➡ 前述の否定内容を受けて「**nor**[**neither**]**＋助動詞**[**be動詞／完了形の have**]**＋S**」の語順で「S もまたそうでない」の意味を表す。主語の前に来る表現の考え方は，問題 271 の場合と同じである。

➡ ③ I don't neither は，I don't either なら正答になる。問題 123 参照。

273 ②

語順　　　　　　　　　　　　　　　　　　　　　　〈Not until …＋倒置形〉

Not until a student has mastered algebra **can he or she begin** to under-
stand the principles of physics.
(代数学をマスターしてはじめて，学生は物理の諸原理を理解し始める)

➡ **Not until …** の否定の副詞表現が文頭に来ていることに注目。以下は倒置形(疑問
文の語順)になる。問題 131 の **CHECK 24** 参照。

➡ なお，**Not until …** で始まる文は「…してはじめて」と訳出するとよい。以下の 2
文を参照。
　　⑦A student can*not* begin to understand the principles of physics
　　　until he or she has mastered algebra.
　　⑦*It is not until* a student has mastered algebra *that* he or she can
　　　begin to understand the principles of physics.

➡ 本問の英文は，⑦の形を前提に not until … を文頭に持ってきたもの。⑦は，本問
の英文の not until … の箇所を強調構文で強調したものである。特に⑦**It is not
until … that ～**「…してはじめて～する」は整序問題を含めて頻出なので要注意。

274 ④

強調　　　　　　　　　　　　　　　　　　〈動詞の強調－do / does / did＋原形〉

A : Why didn't you come yesterday ?
B : But **I did come**.
(**A**「どうして昨日来なかったの」　**B**「いえ，本当に行ったのよ」)

➡ 動詞を強調する場合は「**do / does / did＋原形**」で表す。「本当に／実際／ぜひ」
などを補って訳出すればよい。

➡ B の発言の But は，主として女性が使うもので「まあ／でも／いや／おや」といっ
た「驚き・不同意」を表す。

275 ④

否定　　　　　　　　　　　　　　　　　　　　　　〈by no means「決して…でない」〉

A bad habit, once formed, is by no **means** easy to get rid of.
(悪癖は，いったん身につくと，取り除くのは決して容易ではない)

➡ **by no means**「決して…でない」という強い否定の意味を表す表現を完成させる。
同意表現として**in no way／in no sense／on no account／under no circum-
stances** を押さえる。なお，いずれの表現も否定の副詞表現なので文頭にくると，
以下倒置形になる(問題 131 の **CHECK 24** 参照)ことも確認しておこう。

➡ once formed, の **once** は接続詞で「いったん…すると」の意味。once の後に it
is が省略されているが，この点は次問を参照。なお，おそらく問題 266 で述べた接
続詞 now (that)と混同しているためと思われるが，once that の形があると思っ
ている人が意外と多い。once that S＋V とは使えないことも確認しておこう。

276 ④

省略　　　　　　　　　　　　　　　　　　　〈副詞節中での「S＋be動詞」の省略〉

She never speaks unless **spoken** to.
(彼女は，話しかけられない限り，決してしゃべらない)

➡ **副詞節中では「S＋be動詞」がワンセットで省略される**ことがある。特に副詞節の
主語が文の主語と一致している場合が多い。本問は，unless *she is* spoken to の
she is が省略された形で，前提となる文は群動詞 **speak to A**「A に話しかける」
の受動態の形(問題 016 参照)で，動作主を表す by A は省略されている。

➡ 問題 275 の once formed も考え方は同じで，once *it is* formed の it is が省略
されているのである。

277　④　　　　　　　　　　　　　　　　　　　〈in terms of A「A の点から」〉

群前置詞

A：What sport do you like best？
B：Do you mean in **terms** of watching or playing？
(**A**「一番好きなスポーツは何ですか」　**B**「見るという点から言ってるの，それともするという点から言っているの」)

➡ 文意から群前置詞の **in terms of A**「A の点から／A によって」を完成させる。①case を入れた **in case of A**「A の場合には／A に備えて」，②charge を入れた **in charge of A**「A に対して責任を持って」(問題 256 参照)も重要な群前置詞だが，本問では文意に合わない。

278　③　　　　　　　　　　　　　　　〈How［What］about doing？「…しませんか」〉

疑問文

(a) Let's have lunch here, shall we？
(b) **How about** having lunch here？
(a)(b)(ここで昼食をとりませんか)

➡ **How about A / doing？**「A はいかがですか／…しませんか」という相手に対する提案を表す表現を選ぶ。同意表現として **What about A / doing？**，**What do you say to A / doing？**(問題 162 の **CHECK 27** 参照)も押さえておく。

➡ ④ Why not は後に動詞の原形を作って **Why not do …？** の形で「…したらどう」という相手に対する提案を表す表現だが，doing を伴う用法はないので不可。Why not do …？の形で押さえておこう。

279　③　　　　　　　　　　　　　　　〈in spite of A／譲歩を表す接続詞 as〉

群前置詞
接続詞

(a) Young as he is, he is a man of ability.
(b) **In spite of** his youth, he is a man of ability.
(a)(b)(彼は若いけれど，有能な男だ)

➡ (a)は，問題 138 で述べた**譲歩を表す接続詞 as** を用いた文。この文意を(b)では問題 119 で述べた群前置詞 **in spite of A** を用いて表現すればよい。

280　④　　　　　　　　　　　　　　　　　　　〈don't fail to do「必ず…する」〉

否定
動詞の語法

(a) Be sure to come here on time.
(b) **Don't fail** to come here on time.
(a)(b)(必ず時間どおりにここに来てください)

➡ (a)の **be sure to do** は，話し手の確信を表し，「きっと…する」の意味。主語の確信を表す **be sure of doing**「(S は)…すると確信する」と混同しないこと。

➡ fail は不定詞を目的語にし，**fail to do** で「…しない／…することを怠る」という否定の意味を表す動詞である(問題 004 の **CHECK 2** 参照)。**don't fail to do** となると，意味的に二重否定となり，「必ず…する←…しないということはない」という強い肯定の意味になる。**be sure to do＝don't fail to do** で押さえておく。

➡ 類似表現に **never fail to do**「必ず…する」があるが，こちらは習慣的行為を表す。一度だけの行為なら **don't fail to do**，習慣的行為なら **never fail to do** と押さえておこう。

281　②　　　　　　　　　　　　　　　　　　　〈far from A／anything but A〉

否定

(a) He is far from an artist.
(b) He is **anything** but an artist.
(a)(b)(彼は決して芸術家ではない)

➡ (a)の **far from A**「決して A でない／A からほど遠い」は強い否定を表す表現で，A には名詞・動名詞・形容詞が来る。

➡ (b)には② anything を入れ，**anything but A**「決して A でない」の表現を完成する。A には名詞または形容詞が来る。① nothing は不可。**nothing but A＝only A**「A だけ／A にすぎない」は重要表現ではあるが，「芸術家にすぎない」では (a)の文意と同じにならない。

282　condition 〈on condition that ... 「…という条件で」〉

接続詞

He has agreed to come on **condition** that there won't be any danger.
（何の危険もなければという条件で，彼は来ることに同意した）

➡ 接続詞 **on condition (that) ...**「…という条件で」を完成させる。that は省略されることもある。

283　To my 〈to A's＋感情名詞「A が…したことに」〉

前置詞

To my surprise, Linda married John.
（私が驚いたことに，リンダはジョンと結婚した）

➡ 「**to A's＋感情名詞**」の形で，結果としての感情の状態を表す表現を完成させる。通例「A が…したことに」と訳出する。感情名詞としては **joy**「喜び」／**grief**「悲しみ」／**disappointment**「失望」などが用いられる。

284　least または slightest 〈not (...) in the least 「少しも…でない」〉

否定

I don't mind in the **least** [**slightest**].
（少しも構いません）

➡ not と対応させて強い否定の意味を表す表現として **not (...) at all** があるが，その同意表現として **not (...) in the least** [**slightest**] を押さえる。

285　fear 〈for fear of doing 「…するといけないので」〉

群前置詞

I never carry a large sum of money with me for **fear** of losing it.
（落とすといけないので大金は持ち歩きません）

➡ 群前置詞の **for fear of A / doing**「A を恐れて／…するといけないので／…しないように」を完成させる。なお，**for fear (that) S should** [**might / would / will**]**...**「…するといけないので／…しないように」の接続詞用法も押さえておこう。本英文は，次のように言いかえられる。

> I never carry a large sum of money with me *for fear* (*that*) I *should* lose it.

286　① （→has been） 〈There＋be動詞＋A－be動詞は A に一致〉

主語と動詞
の一致

There **has been** little change in the patient's condition since he was moved to the intensive care unit.
（その患者は集中治療室に移ってからも，その状態にほとんど変化が見られていない）

➡ **There＋be動詞＋A**「A がいる／ある」の構文では，A が文の主語であるから，**be動詞は A に一致**させる。本問では little change に一致させるので，① have been は has been にする必要がある。

287　② （→or） 〈either A or B 「A か B かどちらか」〉

接続詞

It is apt to get either cloudy **or** windy when the cherry blossoms are in full bloom.

(桜の花が満開になるころは，曇るか風が強いかのどちらかになりそうだ)

➡either A nor B という表現がおかしい。問題 132 の **CHECK 25** で述べた **either A or B**「A か B かどちらか」の形にする。

288　③（→than）　　　　　　　　　　　〈No sooner had S done ... than ～〉

接続詞

No sooner had I sat down **than** I found it was time to go.

(腰をおろすとすぐに，行く時間だとわかった)

➡**no sooner に対応するのは**，when ではなく **than である**。問題 131 の **CHECK 23** 参照。また no sooner は否定語だから，文頭に来ると以下倒置形が続くので ① had I は間違いではない。

289　④（→by）　　　　　　　　　〈until「…まで(ずっと)」と by「…までには」〉

前置詞

I have to decide whether to accept the job or not **by** Thursday.

(その仕事を引き受けるべきか否かを木曜までに決めなければならない)

➡問題 104 で述べた **until**「…まで(ずっと)」と **by**「…までには」の違いが正誤問題で問われたもの。文意から ④ until を by にして，「木曜までには」の意味を出さなければならない。

➡②，③を含んだ **whether to do or not**「…すべきか否か」は間違いではない。問題 021 参照。

290　②（→who または that）　　　　　　　　　　　〈主格関係代名詞 who〉

関係詞

The orchestra will be led by a local conductor **who** in my opinion is as good as or even better than those with an international reputation.

(そのオーケストラは，私の意見では国際的評価のある指揮者と同じくらい，いやそれよりもさらにすぐれている，ある地元の指揮者が指揮をするだろう)

➡② whom の後に in my opinion という副詞句が入りこんでいるが，基本的には is as good as ... へとつながる。よって，② whom は主格関係代名詞の who にする。that は人も先行詞にするので，that に変えることもできる。問題 109 の **CHECK 22** 参照。

291　　　　　　　　　　　　　　　　　　〈so ... that ～ 構文／take A for B〉

接続詞
動詞の語法

My sister speaks **English so fluently that she is sometimes taken for** an American on the telephone.　〈mistake 不要〉

(電話でアメリカ人とときどき間違われるほど妹は英語がうまい)

➡問題 133 で述べた **so ... that ～** 構文を使って英文の骨格を作る。

➡that-節では，**take A for B**「A を B と間違える」の重要表現を前提にして，その受動態を作る。**mistake A for B**「A を B と間違える」も同意表現だが，与えられた語句からして，原形の mistake では使いみちがない。

292　　　　　　　　　　　　　　　　　　　　　　〈such ... that ～ 構文〉

接続詞
語順

It was **such bad weather that we stayed** home all day.

(天気が悪かったのでぼくたちは一日中家にいた)

➡so ... that ～ 構文と同じ文意を表すものに **such ... that ～** 構文がある。ただし，こちらは「**such＋(a)＋(形容詞)＋名詞**」の語順をとる。本問の weather は不可算名詞なので such bad weather とまとめる。

293 〈once S+V ...「いったん…すると」/how to do〉

接続詞
不定詞
省略

It's not so difficult to **ride a bicycle once you've learned how**.

(一度覚えてしまえば, 自転車に乗るのはそんなにむずかしくありません)

➡ 文頭の It は名詞用法の不定詞を受ける形式主語として使う。問題 044 参照。

➡ 本問は, once を問題 275 で述べた「いったん…すると」の意味の接続詞として使うのがポイント。

➡ **once** で始まる節は, once you've learned how *to ride a bicycle* となるはずだが, to ride a bicycle は once の前ですでに出ているので省略された形にまとめる。このように既出の表現は, 文脈上明らかな場合, 省略されることがある。なお, **how to do** は, 問題 021 で述べた「**疑問詞＋to-不定詞**」のパターンである。

294 〈付帯状況の with－with＋名詞＋形容詞〉

前置詞

I **was staring at him with my mouth wide open**.

(私は口をぽかんと開けて, 彼をじっと見ていた)

➡ 前置詞 **with** には, 「**with＋名詞＋形容詞／副詞／前置詞句／分詞**」の形で付帯状況を表す用法がある。本問は, 形容詞 open を用いて, with my mouth wide open とまとめる。wide は副詞で「広く」の意味。with my wide open mouth としないこと。「with＋名詞＋形容詞」の語順である。

➡ その他の用例として *with* one's hat *on*「帽子をかぶったまま(副詞)」, *with* a pipe *in one's mouth*「パイプをくわえて(前置詞句)」, *with* one's legs *crossed*「足を組んで(過去分詞)」などを確認しておこう。

295 〈関係副詞 when/be free of A〉

関係詞
形容詞を含む
イディオム

Can **you imagine a time when the world is free of war**?

(この世に戦争がまったくない時代を想像できますか)

➡ 先行詞を a time にして, 関係副詞 **when** で始まる節を続けるのがポイント。

➡ when-節で, **be free of A**「A がない」の成句表現を使う。**be free from A** の形もあるので注意。ただし「A(料金・税金など)が免除されている」の意味では **be free of A** が通常使われる。

296 〈All S can do is (to) do ...〉

関係詞
不定詞

I've come to the conclusion that **all a counselor can do is offer choices**.

(カウンセラーができることはせいぜい選択できる方向を示すことぐらいだというのが私の結論だ)

➡ **All S can do is (to) do ...** の形にまとめる。この表現は All の後に目的格関係代名詞の that が省略されたものである。「S ができるすべてのことは…することだ」から, 「S ができることは, …することだけだ」といった意味が出てくる。

➡ なお, この表現は補語となる不定詞は原形不定詞でも to-不定詞でもよい。ただし, 一般に補語となる不定詞に原形不定詞が使えるのではなく, 主語を形成する部分に「動詞の do」を用いる場合にのみ可能。つまり, My hope is to see Mary again.「私の望みはもう一度メアリーに会うことだ」といった英文の補語には, 必ず to-不定詞を使う。

➡ このパターンで最もよく出題されるのは, **All S have to do is (to) do ...**「S は…しさえすればよい←S がしなければならないすべてのことは…することだ」である。以下の例, 参照。

All you have to do is (*to*) *see* Mary again.

（君はメアリーにもう一度会いさえすればよい）

297　〈目的格関係代名詞の省略／前置詞の後置〉

関係詞

動詞を含むイディオム

不定詞

The only thing **they cared about was how to cure** the patients.

（彼らの唯一の関心事は，患者をどのようにして治すかということでした）

➡ 基本的な考え方は問題262で述べたとおり。本問では The only thing を先行詞とし，目的格関係代名詞 which / that を省略して前置詞 about を後置させた関係代名詞節 they cared about を作るのがポイント。なお，**care about A**「A に関心を持つ／A を気づかう」は重要イディオム。

➡ was の後にくる補語は how to cure (the patients)という「**疑問詞＋to-不定詞**」の形にまとめる。

298　〈Who do you think＋V ... ?〉

疑問文

Who do you think left this bag ?

（きみはこのバッグを置いていったのは誰だと思う?）

➡ 問題270で述べた点がそのまま整序問題として問われている。Who do you think left this (bag ?)とまとめられたかどうか，Do you think who left this (bag ?)にしていないかを厳しくチェックすること。

299　〈the way S＋V ...「…するやり方」〉

関係詞

You might have thought you could have your own way, but **that is not the way things go**.

（なんでも好き勝手にできると思っていたのかも知れないが，そうは問屋がおろさない）

➡ こなれた和文が与えられているので戸惑ったかもしれない。本問を正答に導くには，「…するやり方／…する様子」といった意味を表すものとして，**the way S＋V ...** ／**how S＋V ...** ／**the way in which S＋V ...** ／**the way that S＋V ...** といった表現があることを知っておく必要がある。なお，関係副詞 how は先行詞として the way を想定して用いるものだが，現代英語では the way how S＋V ... の形は使われないことを必ず押さえておこう。

➡ 本問は選択肢から，**the way S＋V ...** の形を使い，that is not the way things go と表現する。つまり，「そうは問屋がおろさない」という和文を「それは物事の進み方ではない→そうは物事は進まない」と表現するのである。この **things go** は，How are things going ?（どんな具合ですか）といった用例でよく用いられ「物事が進む」という意味を表す。

300　〈否定の副詞表現が文頭ー以下倒置形〉

語順

Never **did I dream he would come and see me**.

（彼が訪ねて来てくれるなんて夢にも思わなかった）

➡ **Never** という否定の副詞が文頭に来ていることに注目。以下は倒置形（疑問文の語順）になるのであった。問題131の **CHECK 24**，および問題273参照。I never dreamed ... の never が文頭に来ているのだから Never did I dream ... とまとめること。

➡ 「彼が訪ねて来てくれる→私に会いに来る」は **come and see me** とまとめる。**come to see me** とも言う。

解答

動詞の語法に関する問題 301〜311 は，知識を正確にしておくこと。Part 1 の範囲では，動詞の語法が最後まで弱点として残る傾向が強い。入試では増加傾向にあるテーマなので，ぜひとも克服しておきたい。その他のテーマは，逆に落とせないレベルとも言える。完璧にしておこう。

□301	④	□302	①	□303	②	□304	③
□305	①	□306	④	□307	①	□308	②
□309	④	□310	④	□311	②	□312	④
□313	④	□314	①	□315	③	□316	④
□317	①	□318	②	□319	④	□320	②
□321	①	□322	①	□323	②	□324	④
□325	①	□326	④	□327	①	□328	④
□329	①	□330	④	□331	②	□332	②
□333	owe			□334	have passed		
□335	being cleaned			□336	must have been		
□337	It, impossible			□338	①	□339	③
□340	③						

□341	My father is **an expert when it comes to** gardening.
□342	This medicine **doesn't seem to help relieve the pain** very much.　〈useless 不要〉
□343	The operation saved his life but **it cost him his sight.**
□344	**We talked him into going to a dance.**
□345	**Thank you for letting me use your car.**
□346	The computer **enabled us to solve complicated** mathematical problems.
□347	We were **about to leave when it started to rain.**
□348	I would have **been in real trouble but for your help.**
□349	The railway accident **made it impossible for the train to** reach the station on time.
□350	Tom offered **an apology for having kept them waiting** so long.

第7回

解答・解説

Step 3　Part 1　[301-350]

301　④　　　　　　　　　　　　　　　　　　　　　　　　〈would like の用法〉

[助動詞]

I'd like someone **to clear** away this rubbish.

(誰かにこのがらくたを片付けてもらいたいのですが)

➡ **would like** は，want を丁寧に言いかえた表現と考えればよい。**would like A**「A が欲しいのですが」，**would like to do**「…したいのですが」，**would like A to do**「A に…してほしいのですが」といったように語法的にも want と同じように使える。本問は would like A to do の形を選ぶ。

➡ would like も want も that-節を後にとる形はないので，その形を前提とした② will clear は不可。

302　①　　　　　　　　　　　　〈二重目的語をとる spare－spare A B「A に B を割く」〉

[動詞の語法]

Could you **spare** me a few moments to answer my question?

(少し時間を割いて私の質問に答えてくれませんか)

➡ **spare A B**「A に B を割く」の用法を知っていたかがポイント。

➡ ② **save A B**「A の B を省く」，③ **make A B**「A に B を作ってやる」，④ **lend A B**「A に B(事・物・金)を貸す」はいずれも二重目的語をとる動詞だが，文意に合わない。なお，**spare A B** には **save A B**「A の B を省く」の意味があることも押さえておこう。

●CHECK 37●　入試で狙われる二重目的語をとる動詞

□ **cost A B**「A に B(費用)がかかる／A に B(犠牲など)を払わせる」

□ **save A B**「A の B を省く」

□ **spare A B**「A の B を省く／A に B を割く」

□ **allow A B**「A に B を与える」

□ **deny A B**「A に B を与えない」

□ **wish A B**「A に B を祈る」

□ **leave A B**「A に B を残して死ぬ／A に B を残す」

□ **cause A B**「A に B をもたらす／与える」

□ **charge A B**「A に B を請求する」

□ **owe A B**「A に B を借りている／A に B を負っている」

□ **lend A B**「A に B を貸す」

□ **loan A B**「(利子をとって)A に B を貸す」

303　②　　　　　　　　　　　　　　　　　　　　　〈take / bring / fetch の意味〉

[動詞の語法]

Please **take** this letter to the post office when you leave here.

(ここを出るとき，この手紙を郵便局へ出しに行ってください)

➡ **take A (to B)**「A を(B に)持って[連れて]行く」，**bring A (to B)**「A を(B に)持って[連れて]くる」，**fetch A**「A を(行って)連れてくる／取ってくる」の意味の違いは重要。本問では文意から ② take を入れる。

➡ ④ mail A「A を投函する」は，to the post office の to と合わない。at the post office なら正答になる。

304　③　〈sell well「よく売れる」〉

動詞の語法

Since the release of Windows 95, books about computers have been **selling** very well.

（ウィンドウズ95の発売以来ずっと，コンピューターについての本はとても売れ行きが良い）

→ **sell** は，「売れ行きが…である」の意味では修飾語を伴って自動詞で用いられる。**sell well [quickly]**「売れ行きが良い」／**sell badly**「売れ行きがよくない」は必ず押さえる。「売れ行きが良い」の意味は be well sold や be sold well といった受動態では表せないので，② sold は不可。

→ ④ **on sale**「販売されて」は，文尾の very well と合わない。very well がなければ，入りうる。

305　①　〈demand that S（＋should）＋原形〉

動詞の語法
態

The customer demanded that the meat **be cut** in his presence.

（そのお客は，自分の目の前で肉を切ることを要求した）

→ **demand**「要求する」／**order**「命令する」／**require**「要求する」／**request**「懇願する」／**insist**「主張する」／**recommend**「奨励する」／**suggest**「提案する」／**propose**「提案する」といった要求・命令・提案などを表す動詞の目的語となる **that-節** では，「**should＋原形**」または「**原形**」を用いる。この形は述語動詞の時制に左右されない。本問では the meat が主語だから，① be cut の受動態の「原形」の形を選ぶ。

306　④　〈spend A（in）doing〉

動詞の語法

"What did you do last night?"　"Oh, nothing special.　I spent most of the evening **watching** TV."

（「昨日の夜は何をしたの」「ああ，特に何もやってないよ。夜はほとんどテレビを見てたんだ」）

→ **spend** には「時間」を目的語にして **spend A（in）doing** の形で「…するのに A（時間）を使う」の意味を表す用法がある。

→ **see** は本来「（自然に）…が見える」の意味を表す動詞なので see TV とは言えない。よって① seeing は不可。

307　①　〈advise A to do→ A be advised to do〉

動詞の語法

Visitors are **advised** to beware of pickpockets.

（観光客はすりに気をつけるように忠告されている）

→ 英文の形および選択肢から，「**V＋O＋to do**」の受動態の形だとわかる。選択肢の中で「**V＋O＋to do**」の形で使えるのは① advised だけである。問題008の **CHECK 5** 参照。

308　②　〈accuse A of B〉

動詞の語法

They accused him **of** lying in public.

（彼らは彼を人前で嘘をついたと非難した）

→ **accuse A of B**「A を B のことで非難する／A を B だと訴える」は頻出の表現。本問では B に動名詞句が来ている。ほぼ同意の表現として **blame A for B**「A を B のことで非難する」があるが，前置詞を間違えないこと。

→ 本問の lying は lie「うそをつく」の動名詞であることに注意。問題010 参照。

309　④　　　　　　　　　　　　　　　　　　　　　　　〈remind A of B〉

(動詞の語法)

The pictures remind me **of** the happy days in Cardiff.

(それらの絵を見ると, カーディフの幸せな日々を思い出す)

➡ **remind A of B**「AにBのことを思い出させる」を押さえる。Aには「人」がくることに注意。

310　④　　　　　　　　　　　　　　　　　　　　　　　〈help A with B〉

(動詞の語法)

I helped **my mother with her work** last night.

(私は昨夜私の母の仕事を手伝った)

➡ **help** は「…を手伝う／助ける」の意味では,「人」を目的語にする。よって① my mother's work は不可。「A(人)のBを手伝う」の意味では **help A with B** の形を用いる。

➡ help はそれ以外に, **help A (to) do**「Aが…するのを手伝う／Aが…するのに役立つ／促進する」(問題 008 の **CHECK 4** 参照), **help (to) do**「…するのに役立つ／…するのを促進する」の用法を押さえる。どちらも原形不定詞, to-不定詞のいずれも用いるので注意。

311　②　　　　　　　　　　　　　　　　　　　〈apologize (to A) for B〉

(動詞の語法)

I **apologized** to him for the error.

(私は彼にその間違いを謝った)

➡ 空所の後が to him for the error となっていることに着目。この形を従えるのは選択肢の中で自動詞の apologize しかない。**apologize (to A) for B**「(Aに)Bのことを謝る」の形で押さえておく。

312　④　　　　　　　　　　　　　　　　　　　　　　〈完了進行形の用法〉

(時制)

Tsuyoshi **has been collecting** coins since he was a child.

(ツヨシは子どものときからずっとコインを集めている)

➡ 動作動詞(進行形にできる動詞)で現在までの動作の継続を表す場合, 現在完了進行形(**have been doing**)を用いる。未来のある時点を基点にするなら未来完了進行形(will have been doing), 過去のある時点を基点にするなら過去完了進行形(had been doing)を用いればよい。

➡ 本問は現在を基点にして子どものころからの継続を表し, また collect が動作動詞であることから, ④ has been collecting の現在完了進行形を選ぶ。

313　④　　　　　　　　　　　　　　　　　　　〈would rather not do〉

(助動詞)

"Could you join us for dinner tonight?" "If you don't mind, **I'd rather not**. I've got a toothache."

(「今晩うちで夕食を食べませんか」「よろしければ遠慮したいのですが。歯が痛むのです」)

➡ **would rather do** の否定形が **would rather not do** であることがポイント。問題 196 参照。本問では, 相手の発言内容のくり返しを避けるため, not の後に join you for dinner tonight が省略されている。

314　①　　　　　　　　　　　　　　　　〈should have done「…すべきだったのに」〉

(助動詞)

Tom **should have written** this letter several days ago, but he forgot about it.

（トムは数日前にこの手紙を書くべきだったのだが，それを忘れてしまった）

➡ 文意から ① should have written を選ぶ。「助動詞＋have done」の意味を，問題 167 の **CHECK 29** で再確認しておこう。

---

315 ③ 〈ought not to have done「…すべきでなかったのに」〉

助動詞

She told him he **ought not to have done** it.

（彼女は彼に，そんなことをすべきではなかったのにと言った）

➡ 否定語 not が正しい位置に置かれているのは ③ ought not to have done。問題 167 の **CHECK 29** 参照。

---

316 ④ 〈might [may] as well do「…するほうがいいだろう」〉

助動詞

It's not very important. We might **as well** forget about it.

（それはさほど重要ではない。私たちはそのことは忘れたほうがいいだろう）

➡ **might [may] as well do**「…するほうがいいだろう」で押さえる。**might [may] as well do ... as do ～**「～するくらいなら…するほうがよい／～するのは…するようなものだ」もここで確認しておこう。

➡ 類似表現の **may well do**「⑦おそらく…だろう，④…するのももっともだ」も頻出なので押さえておくこと。

---

317 ① 〈代動詞の do [does / did]〉

助動詞

時制

At first Janet did not like raw fish but now she **does**.

（最初ジャネットはさしみが好きではなかったが，今では好きだ）

➡ 前に述べられた一般動詞や一般動詞を含む語句の反復を避けるために，**do [does / did]** を用いることがある。この **do [does / did]** は代動詞と呼ばれる。本問では，文意から，また but の後に now があることから，現在時制で主語の she に合わせた① does を選ぶ。

➡ be動詞・助動詞の場合には，**do [does / did]** を代動詞として用いることはできない。be動詞・助動詞をそのまま使うことになる。

---

318 ② 〈If S should do ...→Should S do ...〉

仮定法

Should anyone come to see me, tell him I'll be back soon.

（ひょっとして誰かが私に会いに来たら，すぐに戻ると伝えてください）

➡ 問題 169 で述べた倒置による接続詞 if の省略された形を選ぶ。**If S should do ...** が Should S do ... の形になったものである。

➡ **If S should do ...** に対する主節は，「**would など＋原形**」の他に，本問のような命令文や「**will など＋動詞の原形**」が来る場合もあることを押さえておこう。

---

319 ④ 〈If only＋仮定法 ... !＝I wish＋仮定法 ... 〉

仮定法

If **only** I'd listened to my parents!

（両親の言うことを聞いておけばよかったのだが）

➡ 「**If only＋S＋仮定法過去／仮定法過去完了... !**」は，「**I wish＋S＋仮定法過去／仮定法過去完了...**」の同意表現だと考えてよい。事実に反する話し手の願望を表す。問題 171 の **CHECK 30** 参照。

➡ 本問は I'd [＝I had] listened ... と仮定法過去完了の形が使われているので，過去の事実に反する話し手の願望を表している。

320　②　　　　　　　　　　　　　　　　　〈if-節の代用—otherwise「さもなければ」〉

仮定法

The traffic was very heavy; **otherwise** Oscar would have been here much sooner.

（大変な交通量だった。そうでなければオスカーはもっとずっと早くここに着いていただろう）

➔ 仮定法の文脈での **otherwise** は，前述の内容を受けて，「そうしなかったら／さもなければ」の意味で反対の内容を仮定する表現。本問では「交通量が多くなかったら」といった意味が含まれている。

321　①　　　　　　　　　　　　　　　　　　　　　　　〈so ... as to do〉

不定詞

I am not so foolish **as to believe** every word he says.

（私は彼の言うことをなんでも信じるほど愚かではない）

➔ 問題 194 で述べた **so ... as to do**「〜するほど…／とても…なので〜」を完成させる。... enough to do を使って本問を表現すると，I am not foolish enough to believe every word he says. となる。

➔ ② that believe は，so ... that 〜 構文に見えるが，so ... that 〜 構文にするためには，believe の前に主語の I が必要。that I believe なら正答になる。

322　①　　　　　　　　　　　　　　　　〈not to mention A「A は言うまでもなく」〉

不定詞

Care, **not to** mention determination, is the key to success in all your studies.

（決断力は言うまでもなく，注意深さも，あらゆる研究における成功の秘訣^{ひけつ}である）

➔ 不定詞には独立不定詞と呼ばれる慣用表現がある。**not to mention A**「A は言うまでもなく」はその代表例。以下，まとめておくので，確認しておこう。

●CHECK 38● 独立不定詞
- □ **to tell (you) the truth**「本当のことを言うと」
- □ **to be frank with you**「率直に言えば」
- □ **to be sure**「確かに，なるほど」
- □ **to begin [start] with**「まず第一に」
- □ **needless to say**「言うまでもなく」
- □ **strange to say**「奇妙な話だが」
- □ **to make matters worse**「さらに悪いことには」
- □ **so to speak [say]**「いわば」
- □ **to do A justice**「A を公平に評すると」
- □ **to say the least (of it)**「ひかえ目に言っても」
- □ **not to say A**「A とは言わないまでも」
- □ **to say nothing of A=not to speak of A=not to mention A**「A は言うまでもなく」

323　②　　　　　　　　　　　　　　　　　　　〈do nothing but＋原形〉

不定詞

You've done nothing **but** complain all day.

（君は一日中不満を言ってばかりいた）

➔「**do nothing but＋原形**」は，「…する以外は何もしない」（but は「…を除いて」という意味の前置詞）が本来の意味。そこから「㋐…してばかりいる，㋑（通例 can の後で）…するより仕方ない」の意味が出てくる。本問は㋐の用法。類似の意味で，

同様に but 以下に原形をとるものとして，「**There is nothing to do but＋原形**」「…するより仕方ない」も押さえておこう。

➡ 類似の意味で，but 以下に to-不定詞をとるものとして，**have no choice but to do**「…するより仕方ない」も頻出。紛らわしいので要注意。

---

324 ④　　　　　　　　　　　　　　　　　　　　　　⟨object to A / doing⟩

[動名詞]
[動詞の語法]

No one objected **to climbing** the mountain.

(誰もその山に登ることに反対しなかった)

➡ 問題 162 の CHECK 27 で触れた **object to A / doing**「A に／…することに反対する」の表現である。この to は不定詞を作る to ではないことを再確認すること。

---

325 ①　　　　　　　　　　　　　　　　　　⟨独立分詞構文／完了分詞構文⟩

[分詞]

The sun **having set**, we hurried home.

(太陽が沈んだので，私たちは家路を急いだ)

➡ 分詞構文の基本形は問題 178 で述べた。ここでは，以下の 2 点を確認する。**分詞の意味上の主語が文の主語と異なる場合，分詞の意味上の主語を分詞の前に置く**。この形は一般に**独立分詞構文**と呼ばれる。また，文の述語動詞の「時」よりも「前の時」を表すためには完了分詞(**having done**)を用いる(問題 173 参照)。本問はこの 2 点が含まれた完了分詞を用いた独立分詞構文を完成させる。

---

326 ④　　　　　　　　　　　　　　　⟨with A doing / done の付帯状況表現⟩

[分詞]

On a crowded train you shouldn't sit with your legs **crossed**.

(混んだ電車の中では足を組んで座るべきでない)

➡ 「**with＋名詞＋分詞**」の形で，付帯状況を表す表現。**名詞と分詞との間が能動関係なら現在分詞を，受動関係なら過去分詞を用いる**。本問では，your legs と cross は受動関係となるから過去分詞の ④ crossed を入れる。

➡ なお，付帯状況の with は，「**with＋名詞＋形容詞／前置詞句／副詞**」の形でも用いられることも再確認しておこう。問題 294 参照。

---

327 ①　　　　　　　　　　　　　　　　　⟨avail oneself of A＝use A⟩

[動詞を含む
イディオム]

Every person should **avail himself of** the opportunity to go to university.

(誰もが大学へ行く機会を利用すべきだ)

➡ **avail oneself of A＝use [utilize] A**「A を利用する」で押さえる。

➡ 同意イディオムの **make use of A／take advantage of A** も確認しておこう。

---

328 ④　　　　　　　　　　　　　　⟨make sense (out) of A＝understand A⟩

[動詞を含む
イディオム]

Did you **make sense of** what the professor said？

(君はその教授の言ったことがわかりましたか)

➡ **make sense (out) of A＝understand [comprehend] A**「A を理解する」で押さえる。

---

329 ①　　　　　　　　　　　　　　　　　　　⟨make believe＝pretend⟩

[動詞を含む
イディオム]

She **made believe** not to hear me.

(彼女はぼくの言うことが聞こえないふりをした)

➡ **make believe＝pretend**「ふりをする」で押さえる。通例，後に to-不定詞または that-節が続く。

330　④ 〈call off A／call A off＝cancel A〉

[動詞を含む イディオム]

Due to illness, the professor **called off** his classes today.

(病気のため，その教授は今日の授業を休講にした)

➡ **call off A／call A off＝cancel A**「Aを中止する」で押さえる。ただし，cancel Aはすでに始まっているものを中止するときには使えないことに注意。

331　② 〈lay off A／lay A off〉

[動詞を含む イディオム]

Last month they **laid off** several hundred workers.

(先月，数百人の労働者が一時解雇された)

➡ **lay off A／lay A off**「Aを一時解雇する」で押さえる。

➡ ②の dismiss A は「Aを解雇する」の意味で，lay off A／lay A off の意味と正確に一致するわけではないが，選択肢の中では一番近い。④の delegate A は「Aを代表として派遣する」という意味。

332　② 〈figure out A／figure A out＝solve A〉

[動詞を含む イディオム]

Could you **figure out** the last problem on the math test?

(数学のテストの最後の問題は解けましたか)

➡ **figure out A／figure A out＝solve A**「Aを解く／解決する」でまずは押さえる。

➡ それ以外に **figure out A／figure A out＝understand A**「Aを理解する」，**figure out A／figure A out＝calculate A**「Aを計算する」の意味でも出題されるので要注意。

333　owe 〈owe A B「AにBを借りている」〉

[動詞の語法]

(a) I borrowed 500 dollars from Mr. Smith and have not returned the money.

(b) I **owe** Mr. Smith 500 dollars.

(a)(私はスミス氏から500ドル借りてそのお金を返していない)，(b)(私はスミス氏に500ドル借りている)

➡ 問題302で述べた owe A B「AにBを借りている／負っている」を思いつくかどうかがポイント。(a)の文意から，現在時制の owe を入れる。過去時制にしないこと。

334　have passed 〈時間＋have passed since ...〉

[時制]

(a) He died ten years ago.

(b) Ten years **have passed** since he died.

(a)(彼は10年前に死んだ)，(b)(彼が死んで10年になる)

➡ 「時間＋have passed since＋S＋did(過去形)〜」の形で「Sが〜してから…(時間)になる」の意味を表す。時間の長さを表す表現は，一般に複数形であっても単数扱いになる(問題108の **CHECK 21** 参照)が，(b)のパターンの表現は，複数形なら原則として複数扱いになる点に注意。

➡ なお，本問と同意の文は，他にも以下の形が可能。これもよく問われる。

　　It has been [*is*] ten years *since* he died.

　　He *has been dead for* ten years.

335 being cleaned 〈進行形の受動態―be being done〉

[態]

    (a) Somebody was cleaning the room when I arrived.

    (b) The room was **being cleaned** when I arrived.

    (a) (b) （私が着いたとき，その部屋は掃除されているところだった）

➡️ 問題 198 で述べた**進行形の受動態**（**be being done**）の形を作る。

336 must have been 〈**must have done**「…したに違いない」〉

[助動詞]

    (a) I'm sure you were surprised at the noise.

    (b) You **must have been** surprised at the noise.

    (a) （あなたはきっとその物音に驚いたと私は思います），(b) （あなたはその物音に驚いたに違いない）

➡️ (a)の文意を **must have done**「…したに違いない」を用いて表現する。問題 167 の **CHECK 29**，問題 188 参照。

337 It，impossible 〈**There is no doing＝It is impossible to do**〉

[動名詞]

    (a) There is no telling when he will arrive.

    (b) **It is impossible** to tell when he will arrive.

    (a) (b) （彼がいつ到着するかわからない）

➡️ (a)の文の **There is no doing**「…できない」という成句表現を知っていたかどうかがポイント。本問の **It is impossible to do** への書きかえだけでなく，**No one can do／We cannot do** の書きかえで出題されることも多い。

338 ①（→suggest to you または suggest） 〈**suggest** の用法〉

[動詞の語法]

    I **suggest to you** that the meeting be held next Tuesday.

    （私はみなさんにその会合を今度の火曜日に開催することを提案します）

➡️ **suggest**「…を提案する」は，suggest that-節の形はとるが，suggest A that-節の形をとることはできない。提案の相手を明示する場合は，**suggest to A that-節**の形にする。本問では，① suggest you (that ...)を suggest to you (that ...)にしてもよいし，you をとってしまってもよい。to you とつけなくても，目の前の相手に言っていることは自明だからである。なお，**suggest doing**「…することを提案する」の用法があることも確認しておこう。

➡️ ③ be は間違いではない。suggest の目的語となる that-節では，「should＋原形」または「原形」を用いるのであった。問題 305 参照。

339 ③（→becoming） 〈**with a view to A / doing**〉

[動名詞]

    He has been studying law and psychology with a view to **becoming** a criminologist since he was admitted to law school.

    （彼は法学部への入学が許されてから，犯罪学者になるために法律と心理学を勉強し続けている）

➡️ 問題 122，問題 162 の **CHECK 27** で述べた **with a view to A / doing**「A の／…する目的で」を問う問題である。この to は不定詞を作る to ではないので ③ become を becoming と動名詞にする。

340 ③（→solve または to solve） 〈**help A (to) do**〉

[動詞の語法]

    Many people say that understanding the meaning of dreams can help people **(to) solve** their emotional problems.

(夢の意味を理解することは人々が自分の感情面の問題を解決するのに役に立ちうる，と多くの人が言う)

→ help A doing といった用法はない。「A が…するのに役に立つ」の表現は，問題 008 の **CHECK 4**，問題 310 で述べた **help A (to) do** の形を用いる。A の後は原形不定詞でも to-不定詞でもよい。

341
動名詞
⟨when it comes to A / doing⟩

My father is **an expert when it comes to gardening**.
(私の父は植木の手入れにかけては玄人はだしだ)

→ 問題 162 の **CHECK 27** で述べた **when it comes to A / doing**「話が，A に／…することになると」を押さえているかどうかがポイント。

342
動詞の語法
⟨help (to) do⟩

This medicine **doesn't seem to help relieve the pain** very much.

⟨useless 不要⟩

(この薬は，痛みをやわらげるのにはあまり役に立たないようだ)

→ doesn't seem to まではすぐに組み立てられるであろう。本問のポイントは，問題 310 で述べた **help (to) do**「…するのに役立つ／…するのを促進する」を作れるかどうかである。本問では「seem＋to-不定詞」の形で to を使うから，原形不定詞を用いた **help do** の形にしなければならない。useless は使う余地がない。

343
動詞の語法
⟨cost A B「A に B(犠牲など)を払わせる」⟩

The operation saved **his life but it cost him his sight**.
(彼は手術により命は助かったが，視力が失われた)

→ **cost A B** には「A に B(費用)がかかる」の意味以外に，「A に B(犠牲など)を払わせる」の意味がある。この二重目的語をとる cost の用法は重要。問題 302 の **CHECK 37** 参照。本問は but で文を結んで，the operation を受ける it を主語にして，it cost him his sight とまとめる。

344
動詞の語法
⟨talk A into doing⟩

We **talked him into going to a dance**.
(私たちは彼を説得してとうとうダンス・パーティーに行かせた)

→ 問題 157 の **CHECK 26** でまとめた talk の語法の中の他動詞用法，**talk A into doing**「A に話して…してもらう」の形を作れるかがポイント。

345
動詞の語法
⟨thank A for B／let A do⟩

Thank you for letting me use your car.
(車を貸していただいてありがとうございました)

→ **thank A for B**「A に B のことで感謝する」の表現を骨格にして，まず Thank you for までを組み立て，B に動名詞句を持ってくる。let は目的格補語に原形不定詞をとり **let A do**(問題 008 の **CHECK 4** 参照)の形で使う動詞だから，letting me use your car とまとめればよい。

346
動詞の語法
⟨enable A to do「A が…するのを可能にする」⟩

The computer **enabled us to solve complicated** mathematical problems.
(コンピューターのおかげで，われわれは難しい数学の問題を解くことができるように

なった）

→ 問題008の **CHECK 5** で述べた **enable A to do**「Aが…するのを可能にする」を押さえているかどうかがポイント。complicated は「複雑な／難しい」という意味の形容詞として使う。動詞 complicate「…を複雑にする」の過去形ととらえると，行き詰まってしまう。

347

[時制]

〈be about to do「まさに…するところだ」〉

We **were about to leave when** it started to rain.

（まさに出かけようとしたときに，雨が降り出した←雨が降り出したとき，私はまさに出かけようとしていた）

→ **be about to do**「まさに…するところだ」は，きわめて近い未来を表す表現。この表現を押さえていれば，本問は容易に完成できる。

348

[仮定法]

〈but for A「もしAがなければ／なかったら」〉

I would have been **in real trouble but for your help**.

（もしあなたの援助がなかったなら，私は本当に困っていたことでしょう）

→ 問題172で述べた **but for A**「もしAがなければ／なかったら」を使って，仮定法過去完了の文を完成させる。本問の but for your help は if it had not been for your help に書きかえられることも確認しておこう。

349

[不定詞]

[代名詞の語法]

〈S＋V＋it＋C＋to do／不定詞の意味上の主語〉

The railway accident **made it impossible for the train** to reach the station on time.

（鉄道事故のため，その電車は定刻どおりに駅につくことはできなかった）

→「**S＋V＋O＋C**」の第5文型で，不定詞を目的語にする場合，必ず形式目的語の **it** を用いて不定詞を後置し，「**S＋V＋it＋C＋to do**」の形にする。問題084参照。

→ 本問は，made it impossible (to reach ...)を骨格にするが，for the train を，今まで再三出てきた不定詞の意味上の主語として to reach ... の直前に置く必要がある。

→ 本問を文構造どおり訳出すれば，「鉄道事故は，その電車が定刻どおりに駅につくことを不可能にした」となる。

350

[動名詞]

[分詞]

〈完了動名詞／keep A doing〉

Tom offered **an apology for having kept them waiting so long**.

（トムは，彼らをそんなに長い間待たせたことに対して謝罪した）

→ 問題173で述べたように，文の述語動詞の時点よりも「前」にあったことを表すには完了動名詞(having done)を用いる。また，問題176で述べた **keep A doing** を使って，keep them waiting「彼らを待たせる」の形を作る。以上の2点を押さえるのがポイント。

→ なお，**offer an apology for A**「Aのことで謝罪を申し出る」は，よく使われる表現である。

第8回

解答

Step 3　Part 2　[351-400]

前にも述べたが Part 2 の範囲は受験生が苦手とするだけに，マスターしておくと極めて有利である。本講で落とせないのは，問題 358，369，370，390 である。重要問題は問題 362，366，378，380 など。問題 395，396，397 の語句整序はかなり難。できた人は自信を持ってよい。

351	①	352	③	353	③	354	②
355	①	356	①	357	③	358	①
359	③	360	①	361	①	362	①
363	②	364	④	365	②	366	②
367	④	368	④	369	③	370	②
371	②	372	③	373	④	374	②
375	③	376	④	377	④	378	③
379	②	380	③	381	②	382	④
383	①	384	②	385	④	386	③
387	④	388	④	389	②	390	①

391	Some people believe a picture is worth a thousand words. 〈equal 不要〉
392	He just left without so much as saying goodbye.
393	I thought that Oregon had a larger amount of rain than British Columbia, but Caroline said the opposite.
394	I am grateful to you for everything you have done for me.
395	We are far too conscious of how other people see us.
396	A man blind to his own faults is apt to criticize others. 〈too 不要〉
397	Rumor has it that they will find new jobs soon.
398	My boss said to me, "See to it that you are not late for work again." 〈be 不要〉
399	The greatness of a person has nothing to do with the person's rank or power. 〈not, related, is 不要〉
400	I think it's no exaggeration to say that a complete cure for AIDS will be discovered by the beginning of the next century.

第8回

解答・解説

Step 3 Part 2 [351-400]

---

351 ①　　　　　　　　　　　　　　　〈注意すべき hardly の用法―hardly any＋名詞〉

[副詞の語法] She notices hardly **any** difference in their pronunciation.

（それらの発音にほとんど違いはないことに彼女は気がついた）

➡ 問題 242 で扱った **hardly [scarcely]** には「**hardly [scarcely] any＋名詞**」の形で「ほとんど…ない」の意味を表す用法がある。意味的には「**few [little]＋名詞**」よりも強く，「**no＋名詞**」よりも弱いことに注意。

➡「**hardly [scarcely] any＋名詞**」は「**almost no＋名詞**」と同意であることも押さえておく。

---

352 ③　　　　　　　　　　　　　　　　　　　　　〈形容詞 missing の意味〉

[形容詞の語法] The flood has left three people dead and two **missing**.

（その洪水が原因で3人が死亡し2人が行方不明になっている）

➡ **missing** は形容詞で「行方不明の／あるべき所にない」の意味を表す。本問は leave O C and O C の構造となっており，left の2番目の目的語である two (people) の目的格補語となる③ missing を正答として選ぶ。

---

353 ③　　　　　　　　　　　　　　〈紛らわしい industrious と industrial の意味〉

[形容詞の語法] A lot of air pollution comes from **industrial** activity.

（多くの大気汚染は産業界の生産活動に起因している）

➡ 本問は問題 208 で扱った **industrial**「産業の」と **industrious**「勤勉な」の意味の違いを狙ったもの。文意から③ industrial を選ぶ。問題 205 の **CHECK 32** を参照し，つづりと意味が紛らわしい形容詞を今一度確認しよう。

---

354 ②　　　　　　　　　　　　　　　　　　　　〈叙述用法にしか用いない形容詞〉

[形容詞の語法] Please take care of these **lonely** girls.

（このような孤独な少女たちの面倒を見てください）

➡ 形容詞の中には叙述用法(形容詞が補語で用いられる用法)だけで，限定用法(形容詞が名詞修飾で用いられる用法)がないものがある。選択肢の① **alone**「一人で」，③ **afraid**「恐れて」，④ **unable**「…できない」は叙述用法のみの形容詞。② **lonely**「孤独な／孤立した」はどちらの用法もある。よって② lonely を正答として選ぶ。

➡ 叙述用法しか使われない形容詞の中で頻出なものは以下のとおり。

●CHECK 39● 叙述用法(補語)にしかならない形容詞

□ **afraid**「恐れて」	□ **asleep**「眠って」
□ **alike**「よく似て」	□ **awake**「目が覚めて」
□ **alive**「生きて」	□ **aware**「気づいて」
□ **alone**「一人で」	□ **content**「満足して」
□ **ashamed**「恥じて」	□ **liable**「しやすい」

---

355 ①　　　　　　　　　　　　　　　　　　　　〈alone の用法―leave A alone〉

[形容詞の語法] She's very upset so we'd better leave her **alone**.

（彼女はかなり動揺しているので，私たちは彼女をひとりにしてあげたほうがいいでしょう）

➡ 問題354で扱った **alone** と **lonely** の相違が本問のポイント。alone と lonely はともに「ひとりの」という意味で用いられるが，alone が客観的にそういった状態を表すのに対して lonely は人の精神状態や感情面に言及して「人がいなくて寂しい」といったニュアンスを含んでいる。したがって，本問で lonely を用いると文意に合わなくなる。また，alone は leave とともに使われ，**leave A alone** の形で「A をひとりにしておく／A を（干渉しないで）そっとしておく」の意味を表す。慣用的な表現として押さえておこう。

---

356 ①　　　　　　　　　　　　　　　　　　　〈紛らわしい likely と alike の意味〉

形容詞の語法

Jenny and her sister are so **alike** that they could almost be twins.

（ジェニーと彼女の姉はとてもよく似ているので，ほとんど双子といってもいいくらいだ）

➡ **alike**「よく似て」と **likely**「ありそうな」の意味の相違が本問のポイント。文意から，① alike を選ぶ。問題205の **CHECK 32** 参照。

---

357 ③　　　　　　　　　　　　　　　　　　　　　　　　　〈strict の用法〉

形容詞の語法

We should have a **strict** rule forbidding smoking in public.

（公然と煙草を吸うのを禁じる法律があるべきだ）

➡ **strict** には「（規則などが）厳しい」の意味がある。よって，文意から③を選ぶ。

---

358 ①　　　　　　　　　　　　　　　　〈人を主語にしない convenient の用法〉

形容詞の語法

Is it convenient for you to go to the movies at seven this evening?

（今晩7時に映画に行くのは都合がいいですか）

➡ **convenient** は通例「人」を主語にとらない形容詞として押さえる。**be convenient for [to] A** で「A[人]に都合のよい」の意味を表す。また，**It is convenient (for A) to do** で「…するのは（A に）都合がよい」の意味を表す。本問は後者の用法。

---

359 ③　　　　　　　　　　　　　　　　　　　　　　　　〈first「まず最初に」〉

副詞の語法

First we must do this and then we must do that.

（まず最初に私たちはこれをして，次にあれをしなければならない）

➡ **first(ly)** は順序を意識して「まず第1に／まず最初に」の意味を表す。したがって，文意から③ First を選ぶ。なお，**First ... and then ～**「最初に…して，次に～する」はよく用いられる表現。

➡ ① **at first hand**「直接に」，② **at first sight＝at first glance**「ひと目見てすぐに」，④ **for the first time**「はじめて」は成句表現として押さえる。

➡ なお，紛らわしい表現に **at first**「初めのうちは」があるが，これは後から事態・状況が変わることを暗示する表現。

---

360 ①　　　　　　　　　　　　　　　　　　　　　〈not so much A as B〉

比較

Foreigners in Japan often encounter awkward situations, not so **much** because of difficulties with the Japanese language as because of a difference in social conventions.

（日本にいる外国人が困った状況に会うことが多いのは，日本語にいろいろ苦労するというよりもむしろ社会慣習の違いのせいです）

→**not so much A as B** は「A というよりはむしろ B」(=**B rather than A**)の意味を表す。本問はその慣用表現がポイントとなる。A が because of difficulties with the Japanese language，B が because of a difference in social conventions であることを見抜く。

361　①　　　　　　　　　　　　　　　　　　　　　　　　〈by far の用法－最上級強調表現〉

[比較]

Skating and skiing are **by far** the most popular winter sports in Japan.
(スケートとスキーは日本のウィンタースポーツの中でずば抜けて人気が高い)

→**by far** は最上級強調表現としての用法があり，最上級の前に置いて「ずば抜けて…／飛びきり…」の意味を表す。なお，② very にも最上級を強調する用法があるが，very の場合は「**the very＋最上級(＋名詞)**」の語順になる。したがって，本問では very は正答とならない。

→**by far** には比較級強調表現として，比較級の前におき「はるかに…」の意味を表す用法もあることに注意。比較級・最上級の強調表現は以下にまとめておくのでしっかり押さえておこう。

●CHECK 40 ●　比較級・最上級の強調表現

(1) 比較級の強調表現

□ much	□ by far
□ far	□ a lot
□ still	□ lots
□ even	□ a great[good] deal

(2) 最上級の強調表現

□ by far	□ far
□ much	□ very

＊ただし，very は「**the very＋最上級(＋名詞)**」の語順になることに注意。
　　She is *by far* the best singer in her class.
　　=She is *the very best* singer in her class.
　　(彼女はクラスでずば抜けて歌がうまい)

362　①　　　　　　　　　　　　　　　　　　　　　〈many more＋複数名詞＋than A〉

[比較]

There are **many more** good records at home than in the library.
(その図書館よりも家のほうがずっと多くの良い資料がある)

→「**many more＋複数名詞＋than A**」は「A よりずっと多くの…」の意味を表す。一般に比較級を強調するのは問題 361 の **CHECK 40** で触れたように much などを用いるが，much は「more＋複数名詞」を強調できないことに注意。したがって，② much more は不可。「more＋複数名詞」を強調するには通例 **many** を用いる。この many の用法は 4 択問題以外にも正誤問題でも頻出。

→なお，「more＋不可算名詞」を強調するのは **much** であることも確認しておこう。
　　You will need *much* more money than you do now.
　　(君は今よりもずっと多くのお金が必要になるだろう)

363　②　　　　　　　　　　　　　　　　　　　　　　　　　　　　　〈be free of A〉

[形容詞を含む
イディオム]

They placed a lot of trash cans in the park to urge us to keep it **free** of litter.
(公園にゴミが出ないように促すため，たくさんのゴミ入れのカンが公園に配置された)

➡ **be free of A** は「A がない」の意味を表す慣用表現として押さえる。本問は keep の目的格補語として free of A が使われている。問題 295 参照。

364　④　　　　　　　　　　　　　　　　　　　〈be obliged to A for B〉

動詞の語法

形容詞を含む
イディオム

I am much **obliged** to you for your kind advice.
（あなたの親切な忠告に私は大変感謝しています）

➡ 動詞 **oblige** には「…に親切にする／恩恵を施す」の意味を表す用法があり，**be obliged to A for B** の形で「A に B のことで感謝する」の意味を形成する。**thank A for B** とほぼ同意表現として押さえる。

➡ 動詞や形容詞を用いた「感謝する」の意味を表す表現は頻出なので以下にまとめておく。

●CHECK 41●　「感謝する」のさまざまな表現

(1) **thank A for B** とほぼ同意の表現。
　　**thank A for B＝be obliged to A for B＝be grateful to A for B
　　＝be thankful to A for B**

(2) **appreciate A**「A(物・事)を感謝する」（人を目的語にとれないことに注意）
　　I *appreciate* your kindness.＝I thank you for your kindness.

365　②　　　　　　　　　　　　　　　　　　　　　　〈be eager to do〉

形容詞を含む
イディオム

Professional football teams such as the Green Bay Packers are **eager** to recruit excellent college athletes.
（グリーンベイ・パッカーズのようなプロのアメリカンフットボールのチームは，大学の優秀な運動選手を熱心に勧誘する）

➡ 形容詞 **eager** は **be eager to do** の形で「…したいと思う／したがっている」の意味を表す。成句表現として押さえる。

366　②　　　　　　　　　　〈注意すべき effect の意味－to the effect＋that-節〉

名詞の語法

We received a letter from that company to the **effect** that they could not accept our offer.
（その会社から私たちの申し出を受け入れることができないという趣旨の手紙を私たちは受け取った）

➡ **effect** には「**趣旨／意味**」の意味があって「**to the effect＋that-節**」の形で「…という趣旨の[で]」の意味を表す。慣用表現として押さえる。

367　④　　　　　　　　　　　　　　　〈objection の用法－objection to A〉

名詞の語法

I have no objection **to** your plan.　Please go ahead with it.
（あなたの計画に異議はまったくありません。それをどんどん進めてください）

➡ **objection**「反対／不服」は **(an) objection to A** の形で「A に対する異議／反対」の意味を表す。**object to A**「A に反対する／異議を唱える」の名詞表現として押さえる。問題 324 参照。

368　④　　　　　　　　　　　　　　　　　　　〈those の用法－those of A〉

代名詞の語法

The results of Experiment A are more reliable than **those** of Experiment B.
（実験 A の結果は実験 B の結果よりも信頼できる）

➡️ **those** は名詞の反復を避ける代名詞で「the＋複数名詞」を表す。本問の比較対象は the results of Experiment A と the results of Experiment B だから, the results を表す ④ those を選ぶ。

➡️ ② that は不可。that は「the＋単数名詞」を表すのであった。問題 098 参照。

369　③　　　　　　　　　　　　　　　　　　　　　〈「most＋名詞」の用法〉

代名詞の語法　"Is English spoken in Japan?"　"Well, **most** Japanese people don't use English in everyday life."

(「日本で英語は話されますか」「そうですね, たいていの日本人は日常生活で英語は話しません」)

➡️ 問題 068 の **CHECK 13** で触れた「**most＋名詞**」＝「**almost all＋名詞**」「(限定されない)大半の…／たいていの…」が本問のポイント。

➡️ ① almost は不可。almost は副詞なので通常, 名詞を修飾できない。② any もよくない。**通例 any の後に否定語を置くことはできない**。例えば, Any girls did not come. や Anybody doesn't know the fact. とは表現しない。それぞれ, No girls came.／Nobody knows the fact. と表現する。このことは正誤問題などで頻出項目なので注意しよう。

370　②　　　　　　　　　　　　　　　　　　　〈「almost all (of) the＋名詞」の用法〉

代名詞の語法　**Almost all the** students were there.

(学生たちの大半はそこにいた)

➡️ 「**almost all (of) the＋名詞**」は「(限定された特定の)…の大半」の意味を表し, 「**most of the＋名詞**」と同意。本問は of が省略された「**almost all the＋名詞**」の形。問題 068 の **CHECK 13** 参照。

➡️ ④ Most of は不可。most of A の A には必ず定冠詞や所有格などで限定された名詞や目的格の代名詞が来るのであった。したがって, Most of the なら正答となる。

371　②　　　　　　　　　　　　　　　　　　〈another＋複数名詞—for another five years〉

代名詞の語法　Due to strong protest by area residents, the new highway will not be completed for **another** five years.

(住民の強い反対のため, 新しい幹線道路はもう5年間では完成しないだろう)

➡️ 問題 072 で触れたように, another は「an＋other」の観点から, 原則として後に複数名詞を伴うことはないが, 本問の **for another five years**「もう5年間で」のように, 例外的に複数名詞を伴うことがある。これは five years を, 形は複数であるが意味的には「5年という1つのまとまった期間」といった単数のニュアンスでとらえていると考えればわかりやすい。しかし, あくまでも例外的なことなので, 慣用的な表現として押さえておくのがよい。

➡️ ④ more はよくない。問題 091 で触れたように more は数詞の後に用いるのであった。more を用いるならば, **for five more years**(まれに for five years more)の語順になる。この more を含んだ語順は整序問題, 正誤問題で頻出。

372　③　　　　　　　　　　　　　　　　　　　　　　〈肯定文中の anything の意味〉

代名詞の語法　He was so hungry that **anything** fit to eat would have tasted good.

(彼はとても空腹だったので, 食べられるものならなんでもおいしい味がしただろう)

➡️ 肯定文中で **anything** が用いられると「どんなもの[事]でも」といった強意的な意味を表す。なお, 本問は would have tasted good が仮定法過去完了の形になっ

ていて，主語の anything fit to eat「食べるのに適したものであればなんでも」に if-節の意味が含まれている仮定法の形。

→ ① what は構造的によくない。what <u>was</u> (fit to eat) であるなら可。また，② nothing，④ something は意味的に合わない。

373　④　〈慣用的な none other than A の意味〉
代名詞の語法

The man they saw was **none other** than the President himself.
（彼らが見たその人はまさしく大統領に他ならなかった）

→ other を用いた **none other than A** は「A にほかならぬ／まさしく A で」の意味を持ち「驚き」を表す。慣用表現として押さえておく。

374　②　〈from the point of view of A「A の見地からすれば」〉
名詞を含む
イディオム

English food, especially served in the popular type of restaurant, is not very tasty, but its quality, from the point of **view** of nourishment, is quite satisfactory.
（とりわけ大衆向けのレストランで出されるイギリスの料理はあまりおいしくないのですが，栄養の見地からすれば，その質はかなり満足できるものです）

→ **from the point of view of A＝from A's point of view**「A の見地からすれば」は成句表現として押さえる。

375　③　〈out of the way of A〉
名詞を含む
イディオム

You have to keep your car **out of the way** of the visitors.
（車は来客のじゃまにならないところに置いておかなければなりません）

→ 問題 076 の **CHECK 15** で触れた **out of the way of A**「A のじゃまにならないように」が本問のポイント。

→ ① **in the way (of A)**「(A の)じゃまになって」，② **on the way**「途中で」(問題 249 参照)，④ **under way**「進行中で／航行中で」も頻出のイディオムなのでここで押さえておく。

376　④　〈make allowance for A〉
名詞を含む
イディオム

You must make **allowance** for his lack of experience, since he has been here for only a month.
（彼はここにまだほんの 1 か月しかいないのだから，あなたは彼の経験不足を考慮に入れなければなりません）

→ **make (an) allowance [allowances] for A＝allow for A**「A を考慮に入れる／大目に見る」で押さえる。

377　④　〈「人」を主語にとる形容詞，とらない形容詞〉
形容詞の語法

① Carol was **happy** to receive the letter.
② Carol was **pleased** to receive the letter.
③ Carol was **surprised** to receive the letter.
①②（キャロルはその手紙を受けとってうれしかった），③（キャロルはその手紙を受けとって驚いた）

→ ④ **regrettable**「(事が)残念で／遺憾で」は通例，「人」を主語にとらない形容詞。本問の主語は Carol という「人」なので ④ regrettable は不可。

→ ① happy，② pleased，③ surprised は「人」を主語にとる形容詞。**be happy**

to do「…してうれしい」，**be pleased to do**「…してうれしい」（問題 204 参照），
be surprised to do 「…して驚く」で押さえておく。

378　③　　　　　　　　　　　　　　〈recently と these days を用いる場合の時制〉

[副詞の語法]　① He began to practice judo only **recently**.
　　　　　　　② He began to practice judo only **a week ago**.
　　　　　　　④ He began to practice judo only **last week**.
①（つい最近，彼は柔道の練習を始めた），②（彼が柔道の練習を始めたのはほんの一週
間前だった），④（つい先週から彼は柔道の練習を始めた）

➡「最近」の意味を表す副詞(句)**these days／nowadays** と **recently／lately** を
　用いる場合の時制が本問の狙い。**these days／nowadays** は**現在時制**でしか用い
　られないのに対して，**recently／lately** は現在時制では用いず，**過去時制**および
　完了時制で用いると押さえておこう。本問は過去時制なので ① recently は良いが
　③ these days は不可。

➡ ② a week ago は良い。問題 209 で触れたように ago は常に過去時制で用い，a
　week ago のように必ず時間を表す語句を前に伴って「今から…前に」の意味を表
　す。④ last week は過去を表す副詞句なので過去時制と用いる。

379　②　　　　　　　〈more＋原級＋than＋原級／not so much A as B＝B rather than A〉

[比較]　① The boy is **more shy than timid**.
　　　　③ The boy is **shy rather than timid**.
　　　　④ The boy is **not so much shy as timid**.
①③（その少年は臆病というよりむしろ内気です），④（その少年は内気というよりむし
ろ臆病です）

➡ 問題 060 で扱ったように，同じ人(物)の異なる性質を比べるときは「**more A（原
　級）＋than B（原級）**」「**B というよりむしろ A**」を用いるのであった。したがって，
　② shier than timid は more shy than timid の形になるはず。

➡ ③ shy rather than timid は正しい。問題 360 で触れた **B rather than A** の形
　となっている。④ not so much shy as timid も正しい。同じく問題 360 で扱っ
　た **not so much A as B** の形となっている。

380　③　　　　　　　　　　　　　　　　　　　　　　〈one と ones の用法〉

[代名詞の語法]　① Are these your books？ I'd like to borrow **some good ones**.
　　　　　　　　② Are these your books？ I'd like to borrow **that one**.
　　　　　　　　④ Are these your books？ I'd like to borrow **one on baseball**.
①（これらはあなたの本ですか。何冊か良い本を借りたいです），②（これらはあなたの
本ですか。その本を借りたいです），④（これらはあなたの本ですか。野球に関する本
を一冊借りたいです）

➡ 問題 069 で扱ったように one は可算名詞の反復を避ける代名詞であったが，one
　に形容詞がつくと「**a [an] ＋形容詞＋one**」の形になる。したがって，③ nice one
　は a nice one としなければならない。

➡ ① some good ones は正しい。**ones** は one の複数形で，前に出た名詞の複数形
　を表す不定代名詞。ones は books を表す。なお，**ones** は単独で用いることはな
　く some good ones のように**常に形容詞などの修飾語とともに用いられる**ことも
　押さえておく。② that one，④ one on baseball も正しい。that one は that
　book を表し，one on baseball は a book on baseball を表している。

381 ②　　　　　　　　　　　　　　　　〈that＋名詞＋of＋所有代名詞の語順など〉

代名詞の語法

① The naughty girl tore **that dress of hers** into pieces.

③ The naughty girl tore **all her dresses** into pieces.

④ The naughty girl tore **each of her dresses** into pieces.

①(いたずらな女の子は, あの自分の服をビリビリに引き裂いた), ③(いたずらな女の子は, すべての自分の服をビリビリに引き裂いた), ④(いたずらな女の子は, それぞれの自分の服をビリビリに引き裂いた)

➡ all の直前に所有格や定冠詞はこない。**all は必ず所有格や定冠詞の前で用いること**に注意。したがって ② her all dresses は不可。③ all her dresses が正しい形。

➡ ① that dress of hers は正しい。問題 224 で触れた「**that＋名詞＋of＋所有代名詞**」の形。④ each of her dresses も正しい。問題 226 で扱った **each of A**「A のめいめい／各々」の形となっている。

382 ④　　　　　　　　　　　　　　　　〈分詞形容詞 boring と interested〉

形容詞の語法

① Last week's lecture was **a success**.

② Last week's lecture was **boring**.

③ Last week's lecture was **canceled**.

①(先週の講義はうまくいった), ②(先週の講義は退屈だった), ③(先週の講義は休講だった)

➡ ④ **interested**「興味があって」は主格補語で用いられる場合には「人」が主語になる分詞形容詞だった。問題 088 参照。本問の主語は lecture だから補語として interested は用いられない。interesting「おもしろい」であれば可。

➡ ① a success は可。success は通例 **a success** の形で「**成功した事[人]**」の意味を表し, 補語として用いられる。② **boring**「退屈な」も主語 lecture の補語として用いられる。問題 088 参照。③ canceled も正しい。**cancel A**「A を中止する」の受動態の形となっている。

383 ①　　　　　　　　　　　　　　　　〈Anybody didn't know ...→Nobody knew ...〉

代名詞の語法

② Everyone answered the question correctly.

③ Nobody knew how to answer the question.

④ Someone didn't answer the question.

②(誰もがその問題に正答を出した), ③(誰もその問題の答え方を知らなかった), ④(誰かがその問題に答えなかった)

➡ 問題 369 で触れたように, **any** は通例, 後に否定語を置くことはできなかった。したがって, ① Anybody didn't know the answer to the question. は, Nobody knew the answer to the question. としなければならない。

➡ ④ Someone didn't answer the question. は正しい。**someone**「誰か／ある人」は通例, 肯定文で用いるが, 否定文・疑問文でも用いられることに注意。なお, someone が疑問文で用いられる場合には確認を求めるニュアンスを含む。例えば, Is there someone?「誰かいますか」の場合には, 「恐らく 1 人や 2 人は誰かいるだろう」といったニュアンスが含まれる。

384 ②　　　　　　　　　　　　　　　　〈the＋比較級 ..., the＋比較級 ～など〉

比較

① Things are no better than before.

③ She struck him as more beautiful than before.

④ I know what happened as well as if I had been there.

①(事態は以前と変わらずよくない)，③(彼女は彼に以前よりも美しいという印象を与えた)，④(私はそこにいたかのように何が起こったのかよくわかる)

➡「the＋比較級 ..., the＋比較級 ～」「…すればするほど，ますます～」は問題093で扱ったが，② The more it is dangerous, the more I like it. はおかしい。この形は整序問題での典型的な誤答例。dangerous の「the＋比較級」の形である the more dangerous を文頭に置いた The more dangerous it is, the more I like it.「危険であればあるほど，ますます私はそれが好きだ」が正しい形。

➡① Things are no better than before. は正しい。「no＋比較級＋than A」は「A 同様…ではない」の意味を表す。than 以下が before であることから比較対象が現在と過去になっている。③ She struck him as more beautiful than before. も正しい英文。**strike A as B**(形容詞・名詞)は「A に B という印象[感情]を与える」の意味を表す重要表現。その B の位置に more beautiful than before という比較表現が来ている。また，④ I know what happened as well as if I had been there. も正しい。「**as if＋S＋動詞の過去完了形(仮定法過去完了)...**」の形で「まるで S は…したかのように」の意味を表すが，④のように，as if-節を形容詞・副詞と対応させて，as ... as if ～ の形で用いることもある。

385 ④ 〈形式目的語 it の用法〉

代名詞の語法
① George made it clear that he disagreed.
② I think it important that we should know the truth.
③ I'll leave it to you to think it over.

①(ジョージは同意しないことを明らかにした)，②(私たちが真実を知るのが重要だと私は思う)，③(それを再考するのは君に任せましょう)

➡④ I cannot bear it to see people crying. はおかしい。bear は形式目的語の it ではなく不定詞や動名詞を目的語にとり，**bear to do [doing]** の形で「…するのに耐える」の意味を表す。したがって，I cannot bear to see [seeing] people crying.「私は人々が泣いているのを見るのが耐えられない」とすれば正しい英文となる。

➡① George made it clear that he disagreed. は正しい。形式目的語 it を用いた **make it clear that-節**は「…を明らかにする」の意味を表す。

➡② I think it important that we should know the truth. も正しい。形式目的語を用いた「**think it＋形容詞＋that-節**」は「…は～だと思う」の意味を表す。「**think it＋形容詞＋to do**」「…するのが～だと思う」の形もここで確認しておこう。③ I'll leave it to you to think it over. も正しい英文。形式目的語 it を用いた **leave it to A to do**「…するのを A に任せる」は重要表現として押さえておく。

386 ③ (→a little) 〈不可算名詞につける a little－a few との相違〉

形容詞の語法
You can make a simple cake by mixing two eggs with one-fourth cup of milk.　After you have done this, you will need some butter but not much, six tablespoons.　You will also need **a little** salt but you will need a lot of flour.

(たまご 2 つと 4 分の 1 カップのミルクを混ぜて簡単なケーキを作ることができます。混ぜ終わった後に多少バターが必要ですが，あまり多くではなく大さじ 6 杯分必要です。塩も少々いりますが，小麦粉はたくさん必要です)

➡**a little** は不可算名詞につけて「少しの…」といった肯定的な意味を表すのに対し，

a few は可算名詞の複数形につけて「少数の…／少しの…」といった意味を表す。問題 051 の **CHECK 10** 参照。salt は不可算名詞だから③a few はおかしい。a little にすれば正しい用法となる。

387 ④ (→ successive generation)　　　　　〈紛らわしい successful と successive〉

形容詞の語法　Even though Japan and the United States are separated by some 5,000 miles of ocean, the cultural bridge between them is being shortened with each **successive generation**.

（日本とアメリカは約 5000 マイルの海で隔てられているけれども，日米間の文化の橋はそれぞれの継続していく世代の人々とともに短くなりつつある）

➡ 問題 205 で扱った **successful**「成功した」と **successive**「連続の／引き続いての」の意味の違いが本問のポイント。successful generation では文意に合わない。successive generation とすれば文意に合う正しい表現となる。

➡ ② **some** は数詞の前で用いられて **about**「約…」の意味を表す用法。

388 ④ (→ fewer people)　　　　　　〈fewer の用法－less との相違〉

形容詞の語法
比較　The industrial trend is in the direction of more machines and **fewer people**.

（産業界の傾向は，機械をもっと増やし人をもっと減らす方向に進んでいる）

➡ 形容詞 little の比較級 less は不可算名詞につけて「より少ない…／より小さい…」の意味を表す。一方，few の比較級 fewer は可算名詞の複数形につけて「より少ない…／より少数の…」の意味を表す。less と fewer の用法の違いは little と few の用法の違いと基本的に同じだと押さえておく。本問の people は「人びと」の意味であり，複数扱いの名詞なので④less people はおかしい。文意から fewer people となるはず。なお，little と few の用法は問題 051 の **CHECK 10** 参照。

➡ less はまれに話し言葉などで可算名詞の複数形につけることもあるが，非標準の用法。書き言葉など正式な表現の場合には fewer を用いる。

389 ② (→ another)　　　　　　〈one と相関的に用いる another〉

代名詞の語法　There are many ways of saying one thing and meaning **another**. Irony and figures of speech are such devices, and they are wonderful when they work.

（あることを言って別のことを表す方法はたくさんある。皮肉な言葉や比喩的な表現はそのような表現である。それらはうまく作用するとすばらしい効果を生み出す）

➡ **another** は **one** と相関的に用いられ「（不特定の）別のもの」の意味を表す。**one－another** のパターンは問題 070 の **CHECK 14** 参照。本問は文意から one thing の内容を受けて「それ以外の別のこと」を表す another を② other の代わりに用いれば正しい英文となる。なお，other は単独で用いることはないことも押さえておく。

390 ① (→ discoveries)　　　　　　〈one of the＋最上級＋複数名詞〉

比較　One of the most important **discoveries** of the nineteenth century was a method of using natural gas for cooking and heating.

（19 世紀における最も重要な発見の 1 つは，料理や暖房に天然ガスを使う方法であった）

➡ 「one of the＋最上級＋複数名詞」は「最も…な～の中の 1 つ[1 人]」の意味を表

す。この形の場合，必ず複数名詞になることに注意。したがって，① discovery は不可。複数形の discoveries とすれば正しい英文となる。

391

〈worth の用法－A is worth＋名詞〉

形容詞の語法

Some people believe a **picture is worth a thousand words**.　〈equal 不要〉

（百聞は一見にしかず，と考える人もいます）

➡ 問題 236 で扱った **worth** の用法が本問の狙い。worth は動名詞だけではなく名詞も目的語にとり「**A is worth＋名詞**」の形で「**A は…の価値がある**」の意味を表す。本問は a picture is worth の後に a thousand words を置くことができるかがポイントとなる。

392

〈without so much as doing〉

比較

He just left **without so much as saying** goodbye.

（彼はさよならさえ言わずに去っていった）

➡ 問題 092 で触れた **without so much as doing**「…さえしないで」を知っているかが本問のポイント。

393

〈a larger amount of A than ...〉

比較

名詞の語法

I thought that Oregon had a **larger amount of rain than** British Columbia, but Caroline said the opposite.

（オレゴンはブリティッシュ・コロンビアよりも雨量が多いと思っていたが，キャロラインは反対のことを言った）

➡ 問題 053 で触れた **a large amount of A**「多量の A」の large を比較級にした形 **a larger amount of A than ...**「…より多量の A」を想定できれば本問は容易にまとめられる。

394

〈be grateful to A for B〉

形容詞を含む
イディオム

関係詞

I am **grateful to you for everything you have done for me**.

（あなたが私のためにこれまでしてくださったすべてのことに対して感謝します）

➡ 問題 364 で扱った **be obliged to A for B** と同意表現の **be grateful to A for B**「A に B のことで感謝する」を用いるのがポイント。B は和文から everything を先行詞として，目的格関係代名詞を省略した関係詞節を続ければまとめられる。

395

〈be conscious of A〉

形容詞を含む
イディオム

We are **far too conscious of how other people see us**.

（われわれは周囲の眼をあまりにも意識しすぎるところがある）

➡ 形容詞 **conscious** を用いた **be conscious of A**「A に気づいている」を知っていることが本問の前提。A には how から始まる疑問詞節をまとめればよい。なお **far** には much と同様に too ... の前に置きその意味を強調する用法がある。したがって本問の far は too conscious の前に置けばよい。

396

〈be blind to A／be apt to do〉

形容詞を含む
イディオム

A man **blind to his own faults is apt to criticize** others.　〈too 不要〉

（自分自身の欠点に気づかない人は他人を非難しがちである）

➡ 形容詞 **blind** には「気がつかなくて」の意味があり **be blind to A** の形で「A に気がつかない」の意味を表す。本問はその表現を用いて主語を A man blind to his own faults とまとめる。その後は **be apt to do**「…しがちだ」を知っていれば容易にまとめられる。なお，too は使いみちがない。

397

〈Rumor has it that-節〉

代名詞の語法

Rumor has it that they will find new jobs soon.

（うわさでは，彼らは，間もなく新たに仕事を見つけそうだ）

➡ 形式目的語の it を用いた慣用表現の **have it that-節**は「…と言う」の意味を表す。主語に rumor を用いて **Rumor has it that-節**とすれば「うわさでは…だ」の意味を表す。本問はこの表現がポイント。

➡「うわさでは…だ」は他にも **Rumor says that-節／It is rumored that-節／There is a rumor that-節**などと表現できることもここで押さえておこう。また，形式目的語 it が that-節の直前に来る慣用表現も重要なので以下にまとめておく。

●CHECK 42● 形式目的語 it が that の直前に来る慣用表現

☐ **depend on [upon] it that-節**「…するのをあてにする」
☐ **take it that-節**「…だと思う」
☐ **have it that-節**「…と言う」
☐ **see (to it) that-節**「…するように気をつける」

398

〈形式目的語の it―see to it that-節〉

代名詞の語法

My boss said to me, "**See to it that you are not** late for work again."
〈be 不要〉

（上司は，「二度と仕事に遅れないように気をつけなさい」と私に言った）

➡ 問題 397 の **CHECK 42** で触れた **see (to it) that-節**「…するように気をつける」が本問の狙い。that-節は you are not late for work again と容易にまとめられるだろう。したがって be は不要となる。

399

〈nothing の用法―have nothing to do with A〉

代名詞の語法

The greatness of a person **has nothing to do with the person's** rank or power.　〈not, related, is 不要〉

（人の偉大さはその人の地位や権力とは何ら関係がない）

➡ **nothing** を用いた慣用表現 **have nothing to do with A**「A と何の関係もない」を知っているかが本問のポイント。不要語(句)が 3 つもあるが，この表現を知っていれば not, related, is は使いみちがないことに気づくはず。

400

〈It is no exaggeration to say that-節〉

名詞を含む
イディオム

I think it's **no exaggeration to say that a complete cure for AIDS** will be discovered by the beginning of the next century.

（エイズの完全な治療法が来世紀の初めまでには発見される，と言っても過言ではないと思う）

➡ 名詞 exaggeration「誇張」を用いた定式化された表現の **It is no exaggeration to say that-節**「…と言っても過言ではない」を知っているかが本問のポイント。

➡ 同意表現の **It is not too much to say that-節**もここで押さえておく。

大問④は，正誤問題としては比較的易しいので，全問正答が欲しいところ。それ以外の問題は，間違えた箇所の解説をていねいに読み，知識レベルで解決できるものはすべて覚えてしまうこと。大問⑥，⑦は，大きく差が出るはず。ここで2問以内の誤答であれば自信を持ってよい。

解答

□401	③	□402	①	□403	②	□404	③
□405	①	□406	②	□407	②	□408	②
□409	②	□410	②	□411	④	□412	①
□413	④	□414	③	□415	②	□416	②
□417	②	□418	③	□419	④	□420	③

□421	That, why	□422	unless
□423	do	□424	in white
□425	behind	□426	earth
□427	before	□428	how, mastered または learned

□429	②	□430	①	□431	③	□432	③
□433	④	□434	③	□435	④		

□436	run	□437	fire
□438	sound	□439	order
□440	second		

□441	He wears a suit, no matter how hot it is.
□442	On such a hot day, there is nothing like cold beer. 〈more 不要〉
□443	Many students say the reason they are studying English is to improve their conversational ability.
□444	Why don't you let her do as she likes?
□445	It was not until the meeting was over that Mr. Cole turned up.
□446	He gave her what little money he had.
□447	He has a very large vocabulary.　He is what is called a "walking dictionary".
□448	Speech, as a means of communication, is of major importance because it is the chief way through which culture is shared and passed on.
□449	His nervousness was shown by the way he kept on dropping things.
□450	Little did they know what trouble she was in.

第9回

解答・解説

Step 3 Part 3 [401-450]

401　③
〈従事の over「…しながら」〉

前置詞

We talked about the matter **over** a cup of coffee.
（私たちはコーヒーを飲みながらその問題について話をした）

➡ 従事を表す ③ **over**「…しながら」を入れる。この over は，飲食物だけでなく，**over one's work**「仕事をしながら」のようにも使う点に注意。

➡ ④ **according to A**「⑦A によれば，④A に従って」は重要な群前置詞。ただし，本問では文意に合わない。

402　①
〈despite A「A にもかかわらず」〉

前置詞

Despite having inherited plenty of property, she owed a lot of money.
（多くの財産を相続したにもかかわらず，彼女には多額の借金がある）

➡ 問題 119 で触れた **despite A**「A にもかかわらず」を入れる。再度，**despite A／in spite of A／for all A／with all A** が同意表現であることを確認しておこう。本問は A に完了動名詞が用いられている。② In spite は，In spite of なら正答となる。

403　②
〈like A「A のように[な]」〉

前置詞

I happened to be at Shibuya Station yesterday morning. What crowds of people! I've never seen anything **like** that.
（私は昨日の朝，たまたま渋谷駅にいた。何という人込みだったろう。私はそんな光景を見たことがない）

➡ 問題 147 で扱った前置詞の ② like を入れる。**like A** で「A のように[な]／A に似た／A らしい」などの意味で用いられる。本問の **like that**「そのような」は直前の anything を修飾している。

404　③
〈unlike A「A と違って」〉

前置詞

Susan is very thin, **unlike** her sister, who is quite heavy.
（スーザンは妹と違ってとてもほっそりしている。妹のほうはかなりふっくらしている）

➡ 前問の **like A** の反意語 **unlike A**「A と違って／A に似ていない／A らしくない」をここで押さえる。なお，非制限用法の関係代名詞 who の先行詞は her sister。

405　①
〈in (the) light of A「A を考慮して」〉

群前置詞

We reconsidered the phenomena **in** the light of recent research.
（われわれは，最近の調査を考慮してその現象を再検討した）

➡ やや難しめの群前置詞 **in (the) light of A**「A を考慮して／A の観点から」を完成させる。

406　②
〈up to A「A の責任で」〉

群前置詞

It is **up** to me to tell her the sad news.
（彼女にその悲しい知らせを伝えるのは私の責任だ）

➡ **up to A** は多様な意味で用いられる重要表現。be動詞の後で補語的に用いられ，**be**

up to A「⑦A の責任である, ④A をたくらむ, ⑨A に匹敵する」といった意味がある。本問は⑦の用法。④, ⑨は, 以下を参照。

　　④ I don't know what he *is up to*.

　　（彼が何をたくらんでいるのかわからない）

　　⑨ *Was* this book *up to* your expectation?

　　（この本は君の期待どおりでしたか）

➡ **up to A** は, **up to now**「今までのところ」／**up to the summit**「頂上まで」といったように,「A に至るまで／A のところまで」といった意味で, 主として副詞句として用いられる用法もあるので確認しておこう。

---

407 ②

〈What does he look like? の間接疑問〉

疑問文
語順

"Do you know David Willis?"　"I remember the name but I can't remember **what he looks like**."

（「ディビッド・ウィリスって知ってますか」「名前は覚えているけど, どんな（容姿の）人かは思い出せない」）

➡ 問題 147 で **What is S like?**「S はどのようなものか」という前置詞 like を用いた表現を扱った。ここでは, be動詞のところに look を用いた変化形 **What does S look like?**「S はどのように見えるか／S はどんな姿か」を押さえる。**look like A** で「A のように見える／A に似ている」の意味で, この A に疑問代名詞 what が用いられた表現である。

➡ 本問は remember の目的語となる間接疑問だから, 問題 134 で述べたように節内は平叙文の語順となる。よって① what does he look like は不可で, ② what he looks like が正答になる。

---

408 ②

〈if any「たとえあるにしても」〉

省略

There is little, if **any**, difference between them.

（それら2つには, たとえあるにしても違いはほとんどない）

➡ **if any** には「⑦たとえあるにしても, ④もしあれば」の2つの意味がある。本問は⑦の意味で, この用法では通例, **few** や **little** といった名詞を否定する語とともに用いる。この if は even if の意味を表すもので, 省略語を補えば, if (there is) any (difference) である。④の用法は, 以下の例を参照。

　　④ Correct errors, *if any*. （誤りがあれば訂正せよ）

➡ ④を入れた **if ever** にも「たとえあるにしても」の意味があるが, こちらは通例 **seldom / rarely** といった動詞を否定する語とともに用いる。

　　He *seldom, if ever*, goes to church.

　　（彼が教会に行くことは, たとえあるにしてもめったにない）

---

409 ②

〈副詞節を導く whatever〉

関係詞

Whatever your problems are, they are surely less serious than mine.

（君の抱えている問題が何であれ, きっとぼくの問題ほど深刻ではないだろう）

➡ 複合関係代名詞 **whatever** は, 節内で主語・目的語・補語・前置詞の目的語となるが, 節全体では名詞節「…するものは何でも」を形成する場合と, 譲歩の副詞節「何が[を]…しようとも／…は何であれ」を形成する場合がある。

➡ 本問の whatever は節内で補語の働きをしており, 節全体は譲歩の副詞節を形成している。この whatever は **no matter what** に置きかえられる。複合関係詞の「-ever」が譲歩の副詞節を形成する場合,「**no matter＋疑問詞**」に置きかえられ

ると考えてよい。

➡ 複合関係代名詞 ① **Whoever** は，節内で主語の働きをし，節全体では名詞節「…する人は誰でも」を形成する場合と，副詞節「誰が…しようとも」を形成する場合がある。ただし，あくまでも「人」を表す表現なので，本問では不可。

➡ 複合関係副詞 ③ **However** は，通例「**however＋形容詞[副詞]＋S＋V …**」の形で用い，「どんなに…であろうとも」という譲歩の副詞節を形成する。本問では不可。

➡ 複合関係副詞 ④ **Whenever** は副詞節を導く接続詞とも考えられ，「⑦いつ…しようとも，④…するときはいつでも」という意味を表す。本問では be 動詞の補語がなくなるので不可。

---

410 ②　　　　　　　　　　　　　　　　　　　　　　〈名詞節を導く whoever〉
[関係詞]

You may invite **whoever** wants to come to our party next week.

(来週のパーティーに来たいと思っている人は誰でも招待していいですよ)

➡ 前問で述べた名詞節を導く② **whoever**「…する人は誰でも」を入れる。本問の whoever は節内では主語の働きをし，節全体は動詞 invite の目的語になっている。

➡ ③ whomever は節内で目的語の働きをする場合に用いる複合関係代名詞。よって本問では不可。

---

411 ④　　　　　　　　　　　　　　　　　　　　　　　　〈前置詞＋which〉
[関係詞]

The speed **with which** the computer has developed and spread over the past twenty years is remarkable.

(コンピューターがここ 20 年間に発達し普及してきた速度は，注目に値する)

➡ **with the speed**「その速度で」の表現を前提にした ④ with which の「前置詞＋which」の形を入れる。基本的な考え方は問題 261 参照。

➡ ③ where は，たとえ「前置詞＋which」の形を前提としても，先行詞が場所を示す語ではないので，本問では使えない。

---

412 ①　　　　　　　　　　　　　　　　　　　〈連鎖関係代名詞節を形成する what〉
[関係詞]

Are you doing **what you think is** right?

(君は自分が正しいと思うことをしていますか)

➡ 問題 112 で扱った関係代名詞 **what** が，問題 260 で扱った**連鎖関係代名詞節**となっている①を入れた what you think is right の形を作る。what は節内では is の主語であり，what-節全体は doing の目的語になっている。

---

413 ④　　　　　　　　　　　　　　　　　　　　　　　〈, some of which …〉
[関係詞]

I have read many books about Japan, **some of which** I shall never forget.

(私は日本についての本をたくさん読んだが，そのうちのいくつかは決して忘れることはないだろう)

➡ **A of which／A of whom** の形をワンセットにして，通例，非制限用法で用いることがある。ただし，問題 261 で述べたように，「前置詞＋that」の形はないので A of that の形は不可。よって ① any of that，③ some of that は，除外できる。

➡ ② any of which，④ some of which は微妙な問題を含んでいる。つまり，関係詞節の前提となる英文として考える段階では，以下のいずれも成立するのである。

　　② I shall never forget any of *them*.

　　　(私はそれらの本のどれも決して忘れないだろう)

　　④ I shall never forget some of *them*.

（私はそれらの本のいくつかを決して忘れないだろう）

ところが，②の形を前提にした，any of which I shall never forget とは言えない。というのも，問題369で触れたように，原則として，**any ... not [never] ... の語順は使えない**からである。その文意を出すためには，none of which I shall forget と表現し直す必要がある。

➡ なお，never / not の後に some を使えないと思っている人もいるかもしれないが，それは不定の数量を表し，never / not と呼応して結果として「少しもない」という意味になる場合である。He did*n't* understand *some* of the lectures. （彼は講義のいくつかは理解できなかった）といった英文は，完全に正しい。

---

414 ③ 　　　　　　　　　　　　　　　　　　　　　　　　〈what S＋be動詞〉

関係詞

The facts of nature are **what** they are, but we can only view them through the spectacles of our mind.

（自然のもろもろの事実は今あるとおりの姿なのだが，われわれは色眼鏡をかけてしかそれを見られないのである）

➡ 問題017で述べた関係代名詞 **what** を使った慣用的表現 **what S is [are / am]**「今の S（の姿）」がポイント。**what S was [were / used to be]**「昔の S（の姿）」，**what S should [ought to] be**「S のあるべき姿」などの表現も押さえておこう。また **what S has [have]**「S の財産」との対比で，**what S is [are / am]** が「S の人格」の意味で用いられることもある。

➡ 本問の英文の文意は難しいが，消去法的発想からでも③ what にたどりついて欲しい。なお，the spectacles of the mind「心の眼鏡」とは，「偏見／色眼鏡」といった意味。

---

415 ② 　　　　　　　　　　　　　　　　　　　　　〈前置詞＋関係代名詞＋to-不定詞〉

関係詞

The English language is one of the richest languages in the world, and a writer in English has a wide choice of words **in which** to express himself.

（英語は世界でもっとも豊かな言語の一つであり，英語の書き手は自分の考えを表現する言葉を幅広く選べる）

➡ 「**前置詞＋関係代名詞＋to-不定詞**」の形で，直前の名詞を修飾する用法がある。「**前置詞＋関係代名詞**」のセットが必ず to-不定詞の前にくる。本問の他の選択肢は，その点からして不可。

---

416 ② 　　　　　　　　　　　　　　　　　〈in case S＋V ...「…するといけないので」〉

接続詞

Take along some water with you **in case** you get thirsty.

（のどがかわくといけないので，水を持って行きなさい）

➡ **in case S＋V ...** で「…するといけないので／…の場合にそなえて」という意味を表す。なお，アメリカ用法では **in case S＋V ...** で「もし…なら」という if と同じ意味を表すこともあるので押さえておこう。

---

417 ② 　　　　　　　　　　　　　　　　　〈in that S＋V ...「…する点で／…するので」〉

接続詞

Men differ from animals **in that** they can think and speak.

（人間は，ものを考え話ができるという点で，動物と違う）

➡ 問題113で that-節は原則として前置詞の目的語にならないと述べたが，**in that S＋V ...**「…する点で／…するので」と **except that S＋V ...**「…することを除い

て」の形がある。むしろ，**in that／except that** で接続詞と考えるほうがいいだろう。

➡ ① how，③ why は文法的に不可。④ in case は文意に合わない。

418 ③　　　　　　　　　　　　　　　　　　　　〈同格の名詞節を導く接続詞 that〉

（接続詞）

His assertion **that** the molecule divides into two parts in water is accepted by most scientists.

（分子は水の中で2つに分かれるという彼の主張は，ほとんどの科学者に受け入れられている）

➡ 接続詞 **that** が導く名詞節は，名詞の後に置かれて，その具体的内容を表す場合がある。この場合，同格の名詞節と呼ばれ，**A that-節** で「…という A」と訳出するのが原則。

➡ ④ which は不可。関係代名詞は節内で名詞としての機能を果たすが，本問の空所の後には完結した文が来ており，関係代名詞が機能する余地はない。

419 ④　　　　　　　　　　　　　　　　　　〈provided (that) S＋V ...「もし…ならば」〉

（接続詞）

You can fly to Chicago this evening **provided** you don't mind changing planes in Los Angeles.

（ロサンゼルスで飛行機を乗りかえてもよろしければ，今晩シカゴまで行けますよ）

➡ **provided (that) S＋V ...** で，「もし…ならば」という接続詞 if と同じ意味を表す用法がある。他に **providing (that)／supposing (that)／suppose (that)**も動詞から派生した接続詞で「もし…ならば」という意味を表すことを押さえておこう。

➡ ② as far as「…する限り」は日本語としては成立しそうな気がするかもしれないが，これは範囲・制限を表す表現なので不可。条件を表す as long as なら正答になりうる。この点は問題 117 参照。

420 ③　　　　　　　　　　　　　　　　　　　　　　　　　　　〈so の後の語順〉

（語順）

I've never seen **so beautiful a flower**.

（私はそんなに美しい花を見たことがない）

➡ **so / too / as / how** が後に名詞を伴う場合，問題 212 で述べたように「**so [too / as / how] ＋形容詞＋a＋名詞**」の語順になる。such の場合は，問題 292 で述べたように「**such＋(a)＋(形容詞)＋名詞**」の語順になる。その形となっている選択肢は，③ so beautiful a flower しかない。

421　That，why　　　　　　　　　　　　　　　　　　〈先行詞省略—why の場合〉

（関係詞）

(a) He attended the meeting for that reason.

(b) **That** is **why** he was present at the meeting.

(a)(b)（そういったわけで，彼はその会合に出席した）

➡ 関係副詞の先行詞が省略され，関係副詞で始まる節が，結果として名詞節の働きをすることがある。本問は，文頭に That を入れ，補語として先行詞 the reason を省略した関係副詞 why で始まる節を作る。なお，**That is why [the reason why / the reason] ...** は，「そういうわけで…←それが…する理由だ」と訳出するとよい。**That is because ...**「それは…だからだ」と混同しないこと。

➡ 関係副詞 when と why に関しては，先行詞が the time や the reason といった典型的な語であれば，先行詞が省略される場合があるだけでなく，**先行詞を残して関係副詞 when / why が省略される**こともあることも押さえておこう。

422 unless

〈命令文 ..., or ～ の変形／unless「…しない限り」〉

接続詞

(a) You must study harder, or you won't pass the examination.

(b) You won't pass the examination **unless** you study harder.

(a)(b)(もっと一生懸命勉強しない限り，試験には受からないよ)

➜ **命令文 ..., or ～**「…しなさい，さもなければ～／…しなければ～」(問題114参照)の変形として，義務の must「…しなければならない」を使って命令文に近い意味を出す(a)の文の形がある。本問はそれを問題265で扱った接続詞 **unless**「…しない限り」を使って言いかえる。unless-節は if you don't study harder と if ... not ... を使って表現することもできる。

423 do

〈Seldom do I ...〉

語順

(a) I usually do not ask others for help.

(b) Seldom **do** I ask others for help.

(a)(私はふつう他人に助けを求めることはない)，(b)(めったに私は他人に助けを求めない)

➜ (b)の文の文頭に **seldom**「めったに…しない」という否定の副詞が来ているので，以下は倒置形(疑問文の語順)になる。問題131，273，300参照。

424 in white

〈着衣の in〉

前置詞

(a) Ms. Goldstein was wearing a white dress at the party.

(b) Ms. Goldstein was dressed **in white** at the party.

(a)(b)(ゴールドスタインさんは，パーティーで白い服を着ていた)

➜ 衣服などを身につけていることを示す場合，in を用いる。in white だけで「白い服を身に着けて」という意味になる。

425 behind

〈behind the times「時勢に遅れて」〉

前置詞

I make it a rule to glance through the newspapers and watch the TV news every day so as not to be **behind** the times.

(時勢に遅れないように，毎日，新聞に目を通し，テレビのニュースも見ることにしています)

➜ 前置詞 **behind** は「…に遅れて／…の後ろに」といった意味を表すが，そこから **behind the times**「時勢(時代)に遅れて」といった成句表現の意味が生じる。類似表現の **behind time**「(定刻より)遅れて」も押さえておこう。

426 earth

〈疑問詞強調－on earth〉

強調

What on **earth** is wrong with your sister? She says she can hear heavenly voices and see visions of angels.

(きみの妹，いったいどうしたのかね。この世のものでない声が聞こえたり天使のまぼろしが見えたりするなんて言ってるけど)

➜ 疑問詞の直後に **on earth／in the world／ever** などの語句をつけて，疑問詞を強調する用法がある。「一体全体」くらいに訳出するとよい。客観4択問題などでは，in earth や on the world といった紛らわしいダミーが使われることも多いので正確にしておこう。

427 before

〈It is＋時間＋before ...〉

接続詞

I guess it will be a long time **before** I can return to Japan.

（今度日本に帰って来られるのはずっと先のことでしょう）

➡ 問題 150 で述べた「**It is＋時間＋before ...**」の形を完成させる。これからのことなので it will be と未来時制になっているが，before-節は時の副詞節なので現在時制が用いられていることも確認しておこう。

428　how, mastered または learned　　　　　　　〈**This is how ...**「こういうわけで…」〉

関係詞

This is **how I mastered [learned]** English grammar.

（わたしはこうして英文法を完全に自分のものにした）

➡ 問題 299 で述べた **how S＋V ...**「…するやり方」を使って文を完成させる。**This [That] is how [the way] ...**「この[その]ようにして…←これ[それ]が…するやり方だ」は，問題 421 で述べた **That is why [the reason why / the reason] ...**「そういうわけで…」や **That is because ...**「それは…だからだ」とともに整理して押さえておこう。

429　②　(→ from)　　　　　　〈since「…以来（ずっと）」／from A to B「A から B まで」〉

前置詞

John lived in New York **from** 1990 to 1994, but he is now living in Detroit.

（ジョンは 1990 年から 1994 年までニューヨークに住んでいたが，今はデトロイトに住んでいる）

➡ **since** は「…以来（ずっと）」という意味を表す前置詞（接続詞もある）で，通例，完了時制とともに使われるが，終わりの時点を表す to と用いることはできない。

➡ 終了の時点を表す to と対応して用いるのは from。**from A to [until / till] B** といった使い方をして「A から B の時点まで」という意味を表す。

430　①　(→ Whoever)　　　　　　〈複合関係代名詞 whoever / whomever〉

関係詞

Whoever inspected this TV set should have put his or her identification number on the box.

（このテレビを検査した人は誰でも，テレビ本体に自分の製造確認番号をつけるべきだったのに）

➡ ① Whomever の箇所は，その節内では inspected の主語の働きをするはずだから，Whoever でなければならない。問題 410 参照。

431　③　(→ which または that)　　　　　　〈関係副詞 where か関係代名詞か〉

関係詞

Restaurants where people smoke, parks where people play loud music, and pools **which** are too crowded annoy many people.

（人が煙草を吸っているレストラン，大きな音で音楽が演奏されている公園，人で混みすぎたプールにいらいらする人は多い）

➡ ①，②，③とも where に下線が引かれているが，どれも正しいであろうか。問題 261 で述べた関係副詞の考え方をもとに検証する。①は in restaurants の表現を前提に関係代名詞を使えば in which となるところ。よって，場所が先行詞でもあるし，① where は正しい。②も in parks の表現を前提に in which となるところ。これも場所が先行詞であるし，② where は正しい。③は，先行詞 pools をもう一度使って関係詞節の前提となる英文を考えると，*pools* are too crowded となり，主語となることがわかる。よって③ where の箇所は「人以外」を先行詞とする主格関係代名詞でなくてはならない。which か that にする必要がある。

432 ③ (→ (that) we have had) 〈関係副詞 when か関係代名詞か〉

関係詞

This is the hottest summer **(that) we have had** in thirty years.

(今年は，ここ 30 年間で一番暑い夏だ)

➡ ③ when we have had がいけない。have had の後に目的語がないので，when は目的格関係代名詞でなくてはならない。目的格関係代名詞は省略することができるので，省略した形にすることも可。

➡ 「**the＋最上級＋名詞＋(that) S have done**」は「S が～した中で一番…」の意味を表す定式化した表現。

433 ④ (→ what) 〈what S＋be動詞〉

関係詞

You can hardly imagine how different Tom is from **what** he was five years ago.

(トムが 5 年前(の姿)とどれだけ変わっているか，あなたは想像できないでしょう)

➡ 問題 414 で述べた「**what S＋be動詞**」の形をもとに，④以降の表現を what he was five years ago「5 年前の彼(の姿)」と表現し，前置詞 from の目的語とする。この from は **different from A**「A と違って」の from である。different は，how different「どれだけ違うか」となって imagine の目的語となる節の先頭に来ている。

434 ③ (→rest) 〈等位接続詞の結ぶもの―文法的に対等なもの〉

接続詞

While you are typing, your elbows should be bent about 90 degrees and **rest** on something when not in use.

(タイプを打つとき，ひじは約 90 度に曲げて，使わないときは何かの上で休ませておくべきです)

➡ 等位接続詞の **and / but / or** が文中で結ぶものは原則として文法的に対等なものでなくてはならない。本問の場合，③の前の and が結ぶものとして，③ to rest の不定詞では，どこともつながらない。本問は，タイプを打つときのひじの使い方を述べているのだから，③ to rest は rest にして，助動詞 should に続く be bent 以下と rest 以下を and が結ぶ形にしなければならない。

➡ ④を含む when not in use がおかしく見えたかもしれないが，問題 276 で述べたように副詞節中では「S＋be動詞」はワンセットで省略されることがある。ここは，when *they are* not in use の they (=elbows) are が省略された形で，間違いではない。なお，**be in use** は「使用されている」の意味を表すイディオム。

435 ④ (→ so) 〈so is my brother「私の弟もそうです」〉

語順

I am worried about your mother's health, and **so** is my brother.

(私はあなたのお母さんの健康を心配していますし，私の弟もそうです)

➡ 前述の肯定内容を受けて「S もまたそうである」の意味を表すには，問題 271 で述べた「**so＋be動詞[助動詞／完了形の have]＋S**」の形を用いなければならない。④ also を so にする。

436 run 〈run「…を経営する／(水などが)流れる」〉

共通語補充
動詞の語法

(a) Ever since her father passed away, her mother has **run** a drugstore to support her family.

(b) Don't let the water **run** too long!

(a)(彼女の父親が死んでからずっと，彼女の母親は家族を養うためドラッグストアを

経営してきた), (b)(水をあまりに長い間流しっ放しにしてはいけない)

➡ **run** には他動詞用法として「…を経営する／管理する」という意味がある。(a)にはこの用法の run を入れる。なお，この run は客観4択問題などでも頻出。ここで押さえておこう。(b)の run は「(水などが)流れる」の意味。**let A do**(問題008の **CHECK 4** 参照)の形で原形不定詞となっている。

437 fire

〈fire「…を解雇する／火」〉

共通語補充
動詞の語法

(a) The boss said, "If that man makes one more mistake, I'll **fire** him."
(b) The light from a small **fire** dimly illuminated the room.

(a)(上司は，『あいつがもう一度ミスを犯したら，首にしよう』と言った), (b)(小さな暖炉の火からの明かりがその部屋をぼんやりと照らした)

➡ (a)には他動詞の **fire**「…を解雇する」を入れる。これも客観4択問題などで頻出。(b)の **fire** は「(暖房・料理用などの)火・炉火」といった意味。

438 sound

〈sound「ぐっすりと／声／…に思われる」〉

共通語補充
副詞の語法
動詞の語法

(a) The baby was **sound** asleep when I entered the room.
(b) She was so frightened that she couldn't make a **sound**.
(c) Their complaints **sound** reasonable to me.

(a)(私が部屋に入ったとき，その赤ん坊はぐっすり眠っていた), (b)(彼女はとてもこわくて声を出すことができなかった), (c)(彼らの不平は私には筋が通っているように思われた)

➡ (a)の sound は **sound asleep** の形で用いられ，「ぐっすりと」の意味を表す。**fast asleep** が同意表現で，こちらもよく狙われる。(b)の **sound** は名詞で「音／声」といった意味。(c)の **sound** は問題152でテーマ化した「…に思われる／聞こえる」という補語をとる動詞。なお，**sound** には形容詞で「健全な／健康な」の意味もあるので確認しておこう。

439 order

〈order「…を注文する／整理」／in order to do〉

共通語補充
名詞を含むイディオム
不定詞

(a) Nowadays students can **order** books by computer.
(b) You should always keep your room in **order**.
(c) The decision was made in **order** to prevent war.

(a)(近ごろ学生は本をコンピューターで注文できる), (b)(君は自分の部屋を常に整頓しておくべきだ), (c)(戦争を防ぐためにその決定がなされた)

➡ (a)の **order** は他動詞で「…を注文する」の意味。(b)の **order** は名詞で，名詞の order には「整理，順序，規律」といった意味がある。そこから **in order**「整然として／順番に／順調に」といったイディオムが生じる。なお，その反意表現 **out of order**「乱雑で／順番が狂って／故障して」も押さえておく。問題250参照。(c)は **in order to do**「…するために」という「目的」を表す副詞用法の不定詞(問題045参照)の用法である。

440 second

〈second to none「誰にも劣らない」／second「秒／2番目の」〉

共通語補充
比較

(a) He was **second** to none in the speech contest.
(b) He lost the race by a **second**.
(c) What is the **second** largest city in this country?

(a)(彼は弁論大会で誰にも負けなかった), (b)(彼はほんの少しの差でレースに負けた), (c)(この国で2番目に大きな都市はどこですか)

➡ (a)は **second to none**「誰にも劣らない」という最上級的意味を表す表現。問題 216 参照。(b)の **second** は名詞で「秒／瞬間」の意味。(c)は「**the＋序数＋最上 級**」の形で「…番目に〜」の意味を表す用法。

441
関係詞

〈no matter how＋形容詞＋S＋V ...〉

He wears a suit, **no matter how hot it is**.

（彼はどんなに暑くても背広を着ている）

➡ 問題 409 で述べたように，複合関係詞の「-ever」が譲歩の副詞節を形成する場合，「**no matter＋疑問詞**」に置きかえられる。また，複合関係詞 however は通例「**however＋形容詞[副詞]＋S＋V ...**」の形で使うのであった。以上 2 点から，no matter how hot it is とまとめる。no matter how it is hot にしないこと。

442
前置詞

〈There is nothing like A「A にまさるものはない」〉

On such a hot day, **there is nothing like cold beer**. 〈more 不要〉

（こんな暑い日には，冷たいビールが何よりだ）

➡ 問題 403 で述べた前置詞 **like A**「A のように[な]」を用いて，**There is nothing like A** で「A に勝るものはない←A のようなものはない」の意味になる。これは整序問題で出題されることが多い定式化した表現である。本問は more が不要だが，その他 better / than などがダミーで入っていることがよくある。

443
関係詞

〈関係副詞 why の省略―the reason S＋V ...〉

Many students **say the reason they are studying English is to improve** their conversational ability.

（多くの学生が，会話の能力を高めるために英語を学んでいるという）

➡ 問題 421 で述べたように，**the reason why S＋V ...** の表現は，先行詞 the reason または関係副詞 why のいずれかが省略されることがある。本問では the reason they are studying English とまとめ，「彼らが英語を勉強している理由」の意味を表す。

➡ かなりこなれた和文が与えられているが，文構造どおりに訳出すると，「多くの学生が，自分たちが英語を学んでいる理由は会話能力を高めることですと言う」となる。なお，say の後に名詞節を導く接続詞 that が省略されている。

444
疑問文
接続詞
動詞の語法

〈Why don't you do ... ?／様態の接続詞 as〉

Why don't you let her do as she likes?

（彼女の好きにさせたらいいじゃないですか）

➡ **Why don't you do ... ?**「…したらどう（ですか）」という相手に対する提案を表す表現を使う。

➡ 動詞部分は **let A do**「（本人の望みどおりに）A に…させてやる」（問題 008 の **CHECK 4** 参照）で表す。

➡ 様態の接続詞 **as**「…するように」を使って「彼女の好きなように」の意味を as she likes とまとめる。

445
強調
形容詞の語法

〈It is not until ... that 〜／be over〉

It was **not until the meeting was over that Mr. Cole turned up**.

（会議が終わって初めてコール氏が現れた）

➡ 英文の骨格を問題 273 で述べた **It is not until ... that 〜**「…してはじめて〜す

る」を使って表現する。「…」と「〜」を逆にしないように注意。

➡ the meeting was over の over は形容詞的に用いられたもの。**be over**「終わった／終わっている」の形で押さえておこう。

446
関係詞

〈関係形容詞 what—what A (＋S)＋V ...「…するすべての A」〉

He gave her **what little money he had**.

(彼は少ないながら持っていたお金をすべて彼女にあげた)

➡ what には，後に名詞 A を伴い，「**what A (＋S)＋V ...**」の形で「…するすべての A」という意味を表す用法がある。この what は，名詞を後に伴うことから，関係形容詞と呼ばれる。

➡ **what little money＋S＋have**「少ないながら S が持っているすべてのお金」は，関係形容詞 what を用いた頻出表現。本問はこの表現を作る。

447
関係詞

〈what is called A「いわゆる A」〉

He has a very large vocabulary.　He is **what is called a "walking dictionary"**.

(彼の語いはとても豊富だ。彼はいわゆる「生き字引」である)

➡ **what is called A** で「いわゆる A」の意味を表す。これは本来「A と呼ばれるもの」の意から来ているので，A の前にカンマを打たないこと。本問はこの表現を作る。

➡ **what we [you / they] call A**「いわゆる A←A と呼ぶもの」も同意表現として押さえておくこと。

448
前置詞
関係詞

〈of＋抽象名詞＝形容詞／through which S＋V ...〉

Speech, as a means of communication, is **of major importance because it is the chief way through which culture is shared** and passed on.

(コミュニケーションの手段としての話し言葉は，文化を共有し受け継いでゆく主要手段なので，非常に重要である)

➡ 最初に何を持ってくるかがポイント。「**of＋抽象名詞**」で形容詞の働きをするものがある。**of importance＝important／of use＝useful／of help＝helpful／of value＝valuable** などがその代表例。このことを知っていれば，本問では is の後に of major importance を置いて補語の役割をさせることがわかる。

➡ 後は接続詞 because で始めて理由を表す副詞節を作ればよい。through which で語句が与えられているので，関係詞節を組み立てるのも容易であろう。

449
関係詞
動詞を含む
イディオム

〈the way S＋V ...／keep on doing〉

His nervousness was **shown by the way he kept on** dropping things.

(彼が神経質になっているのは，彼がものを落とし続ける様子からわかった)

➡ まずは shown by ...とまとめて，全体を受動態の文にする。

➡ by 以下には，問題 299 で述べた **the way S＋V ...**「…するやり方／…する様子」の表現を作る。

➡ 最後に dropping things とあるので，the way he kept on (dropping things.)とまとめる。**keep on doing**「…し続ける」は重要イディオム。

450
語順

〈Little did they know ...〉

Little **did they know what trouble she** was in.

(彼女がどのように困っているのか，彼らはまったく知らなかった)

➡ 否定語 **little** が文頭に来ているので，以下倒置形になる。問題 131，273，300 参照。なお，little は一般には「ほとんど…ない」の意味で押さえておけばよいが，they *little* knew ... などのように動詞の前で用いられると「まったく…ない」という強い否定の意味になることに注意。本問は，この little が文頭に出たもの。

➡ Little did の後に she と they のどちらを使うか迷うところだが，最後に was in が与えられている点に着目。was の主語としては she を使うしかない。よって，Little did they know ... とすることがわかる。最後は **be in trouble** 「困っている」の表現を前提に what trouble she (was in)と間接疑問にまとめ，know の目的語にする。この what は疑問形容詞である。

解答

番外編として，近年増加傾向が著しい会話問題を，定型表現を中心に 25 問集めて構成した。どれも知っていればそのまま得点源になるものばかりなので，解説で触れた表現を含めて，すべて覚えてしまおう。今からでも十分に間に合う。

□451	④	□452	②	□453	①	□454	①
□455	②	□456	①	□457	④	□458	③
□459	②	□460	③	□461	①	□462	②
□463	②	□464	①	□465	③	□466	②
□467	④	□468	②	□469	③	□470	③
□471	③	□472	③	□473	①	□474	①
□475	④						

第10回

解答・解説

会話表現 ［451-475］

451 ④   〈That's too bad. 「それはいけませんね」〉

A：I feel terrible today.

B：**Oh, that's too bad.**

（A「今日は気分がよくないのです」　B「ああ，それはいけませんね」）

➡ **That's [It's] too bad.** は「それはいけませんね／それはお気の毒に」といった意味で，よくないことに対する思いやりを表す表現。

➡ ①**Why not?**「いいですとも／もちろんです」は相手の提案に同意する場合に用いる表現。

➡ 「私もよ」の意味として③So am I. を選んだ人がいるかもしれないが，I *feel* terrible today. という一般動詞 feel を使った文を受けるのだから，So *do* I. でなければならない。よって不可。問題 271 参照。

452 ②   〈Why don't we do ... ?／That's a good idea.〉

A：Why don't we have lunch together?

B：**That's a good idea.**

（A「一緒に昼食を食べませんか」　B「それはいいね」）

➡ **Why don't we do ... ?** は「…しませんか」という話者をも含めた提案を表す。

➡ **That's a good idea.** は「それはいい考えだ」の意味。**That's an idea.** とも言う。

453 ①   〈Who's calling [speaking] please? 「（電話で）どなたさまですか」〉

A：May I talk to Jane, please?

B：Sorry, but she isn't here right now. Can I take a message?

A：Yes. Would you ask her to call me back as soon as she comes in?

B：All right. Oh, **who's calling, please?**

（A「ジェーンをお願いできますか」　B「あいにくですが，彼女は今ここにいません。伝言を承りましょうか」　A「ええ。戻ってきたらすぐに折り返し私に電話するように伝えていただけますか」　B「承知しました。えーと，どちらさまでしょうか」）

➡ **Who's calling [speaking](,) please?** は，電話で「どなたさまでしょうか」と相手の名前を尋ねる表現。

➡ ④で使われている **You've got [You have] the wrong number.** は「番号違いです」という意味。問題 206 参照。

454 ①   〈Anything else? 「他になにかございますか」〉

（At a fast-food restaurant）

A：Good morning.

B：Good morning. A cheese sandwich, please.

A：OK. **Anything else?**

B：Yes, coffee, please.

（ファストフード・レストランで。A「おはようございます」　B「おはよう。チーズサンドウィッチをお願いします」　A「わかりました。他に何かございますか」　B「ええ，コーヒーもお願いします」）

→ **Anything else?** は「他になにかございますか」の意味で，レストランで注文を聞いたり，ホテルのボーイが用を聞いたりするときに用いる表現。

→ ② Is that all?「それですべてですか」は，次の B の Yes, coffee, please.「ええ，コーヒーをお願いします」という発言と合わない。

455　②　　　　　　　　　　　　　　　　　　　　　　〈Why don't you do ...?「…したらどう」〉

A：Can you recommend a good dentist in town?
B：**Why don't you try Dr. Anderson?**

(**A**「町のいい歯医者を教えてくれませんか」　**B**「アンダーソン先生にかかってみたらどう」)

→ **Why don't you do ...?＝Why not do ...?** は「…したらどう(ですか)」という相手に対する提案を表す表現。後の選択肢は文脈に合わない。

456　①　　　　　　　　　　　　　　　　　　　　　　〈You're welcome.「どういたしまして」〉

A：I had a great time at the Namie Amuro concert.
B：Did you really?
A：Yes! And thanks for paying for my ticket.
B：**You're welcome.**

(**A**「安室奈美恵のコンサートはとてもよかったわ」　**B**「そんなによかったの」　**A**「ええ。チケットを買ってくださってありがとう」　**B**「どういたしまして」)

→ **You're welcome.** は相手のお礼の言葉に対して「どういたしまして」と応じる表現。**Don't mention it.** とも言う。

→ **You're welcome.** は，「よくいらっしゃいました」という意味でも使う。これも押さえておこう。

457　④　　　　　　　　　　　　　　　　　　　　　　〈Sure.「いいですとも」〉

A：Would you do me a favor and keep an eye on this for a couple of minutes?
B：**Sure. Where are you going?**

(**A**「申し訳ありませんが少しの間これを見ていてくれませんか」　**B**「いいですよ。どこに行くのですか」)

→ 依頼や許可を求める言葉に対して，**Sure.** で「いいですとも」といった承諾を表す。**Certainly.／Surely.／All right.** などで答えてもよい。

→ **Would you do me a favor?** は「お願いがあるのですが」の意味だが，A の発言では「申し訳ありませんが」くらいに訳出するのがよいだろう。**keep [have] an eye on A**「A を(不都合が起こらないように)注意して見る」は重要イディオム。

458　③　　　　　　　　　　　　　　　　　　　　　　〈Do you mind ...?の答え方〉

A：I need to find a post office.
B：I saw one the other day. It's not too far from here.
A：Good. Do you mind if we stop there for a few minutes?
B：**No, of course not.**

(**A**「郵便局を見つけなきゃならないんです」　**B**「先日，目にしましたよ。ここからあまり遠くありませんよ」　**A**「そりゃいい。しばらくそこに寄ってもいいですか」　**B**「いいですよ」)

→ **Do you mind if I ...?／Do you mind my doing ...?** は「…してもいいです

か」の意味。**Do you mind doing ... ?** は「…していただけませんか」の意味。

➡ mind は本来「いやがる」の意味の動詞だから，日本語で「いいですよ」という意味になるように答えるためには「いやではありません」と否定で表現しなければならない。問題 002 参照。**(No,) Of course not.**／**No, not at all.**／**No, I don't.**／**Certainly not.** などがよく用いられる。

459　②　　　　　　　　　　　　　　　　　　　　　〈Go ahead.「さあ，どうぞ」〉

A：Do you mind if I close this window ?

B：**No, go ahead.**

(**A**「この窓を閉めてもいいですか」　**B**「ええ，どうぞ」)

➡ 問題 458 で述べた mind を用いた疑問文なので，肯定形で答えた ① Yes, of course. は不可。

➡ **Go ahead.** は許可を求める発言に対して「さあ，どうぞ」という承諾を表す表現で，② No, go ahead「ええ，どうぞ」は No で答えているし，これが正答になる。なお，No のない Go ahead. だけでも本来の意味「さあ，どうぞ」から Do you mind if I ... ? に対する答え方として使うこともできる。

460　③　　　　　　　　　　　　　　　　　　　〈With pleasure.「喜んで／いいですとも」〉

A：Could you show me around the area ?

B：Yes, with **pleasure**.

(**A**「この辺を案内していただけませんか」　**B**「はい，喜んで」)

➡ with pleasure は依頼を表す発言に対して「喜んで／いいですとも」という快諾を表す。本問は前に Yes, があるが，**With pleasure.** だけでも用いる。

461　①　　　　　　　　　　　　　　　　　　　　〈Hang up.「電話を切ってください」〉

A：May I have your name and telephone number, please ?

B：My name is Stella Johnson.　My number is 123-4567.

A：Thank you.　**Hang up**, please.　I'll call you back in a couple of minutes.

B：Oh, thank you.

(**A**「あなたのお名前と電話番号をお伺いしてもよろしいですか」　**B**「名前はステラ・ジョンソンです。電話番号は 123-4567 です」　**A**「ありがとうございます。電話をお切りください。すぐに折り返し電話いたします」　**B**「ありがとう」)

➡ ① **Hang up** は「電話をお切りください」の意味。② **Hold on**, ③ **Hold the line** はいずれも「(電話を切らずに)そのままお待ちください」という意味。**Hang on** とも言う。

➡ 本問は文脈からして ① Hang up を入れる。B が A (の会社)に問い合わせか，何かの申し込みの電話をかけた場面であろう。

462　②　　　　　　　　　　　　　　　　　　　　　　〈Sounds good.「それはいいね」〉

A：Why don't we talk about this over coffee ?

B：**Sounds good.**

(**A**「コーヒーを飲みながらこのことを話しませんか」　**B**「それはいいね」)

➡ 何らかの提案・考えに対して賛同を表す場合，**That sounds good [great].**／**Sounds good [great].**「それはいいね」を用いる。

463　②　　　　　　　　　　　　　　　　　　　〈What about A？「A はいかがですか」〉

A：I've found a great restaurant for fish.　When we have a chance, let's go.

B：Well, **what about** Friday？　I'm free in the evening.

（**A**「魚料理のいいレストランを見つけました。機会があれば行きましょう」　**B**「そうね，金曜日はどう。夕方，時間が空いているから」）

➡ 問題278 で述べた **What about A？**「A はいかがですか」を用いる。**What about doing？** と動名詞を用いると「…しませんか」という意味になる。**How about A / doing？**，**What do you say to A / doing？** も同意表現として押さえる。

464　①　　　　　　　　　　　　　　　　　　〈May I help you？「何にいたしましょうか」〉

（At a bookshop）

A：Hello.　**May I help you？**

B：Yes.　I'd like to know if you have a book called *The Age of Reason.*

（本屋で。**A**「いらっしゃいませ。何にいたしましょうか」　**B**「ええ。「理性の時代」という名前の本があるかどうか知りたいんですが」）

➡ **May [Can] I help you？** は，店員が店に入ってきた客に対して「何にいたしましょうか」と尋ねる表現。

➡ ②，④は疑問詞 what で始まっているが，B は Yes とまず答えているから，この形は不可。③ **Are you being helped？** は「誰かご用を承りましたか」の意味だが，次の B の発言内容と合わない。

465　③　　　　　　　　　　　　　　　　　　　〈What do you do？「何をなさってるの」〉

A：Nice to meet you, Sam.　So, **what do you do？**

B：I'm a university student.　How about you？

A：I'm a doctor at the city hospital.

（**A**「はじめまして，サム。ところで何をなさってるの」　**B**「大学生です。あなたは」　**A**「市立病院の医師をしています」）

➡ いずれの選択肢とも会話表現として大切なもの。①の **How are you doing？** は「調子はどうですか」の意味。②の **How do you do？** は「はじめまして」の意味。③の **What do you do？** は相手の仕事や身分を尋ねる表現で「お仕事は何ですか／何をなさってますか」の意味。④で使われている **What do you think of A？** は「A をどう思いますか」の意味。文脈から，③が入る。

➡ 最初の A の発言 **(It's) Nice to meet you.**「はじめまして」は初対面のあいさつとして重要。**Nice meeting [seeing] you.**「お会いできてよかったです」という別れのあいさつと混同しないこと。どちらも正確に押さえておきたい。

466　②　　　　　　　　　　　　　　　　　　　〈I'm just looking.「見ているだけです」〉

A：May I help you？

B：**Thank you, but I'm just looking.**

A：Well, if you need help later, please let me know.　My name's Mary.

B：Thanks.　I'll do that.

（**A**「何にいたしましょうか」　**B**「ありがとう，でも見ているだけなんです」　**A**「それでは，後でお手伝いできることがあれば，おっしゃってください。私はメアリーと申します」　**B**「ありがとう。そうします」）

➡ 問題464 で述べた **May I help you？**「何にいたしましょうか」に対する応答を

以下の文脈に合う形で選ぶ。② Thank you, but I'm just looking. の **I'm just looking** は特に買うものを決めていない場合に，店員に「見ているだけです」と答える表現。文脈からして，これ以外に正答となるものはない。

467　④　　　　　　　　　　　　　　　　　　　　〈Here you are. 「はい，どうぞ」〉

A : Passport please.
B : **Here you are.**
A : Are you here on business or for sightseeing ?
B : Business.
(**A**「パスポートをお願いします」　**B**「はい，どうぞ」　**A**「仕事で来たのですかそれとも観光で来たのですか」　**B**「仕事です」)

➡ **Here you are.** は「はい，どうぞ」の意味で，相手に物を渡すときなどに使う表現。**Here it is.** とも言う。

> ● CHECK 43 ● **Here you are.／Here it is./Here we are.**
> (1) **Here you are.** 「⑦(相手に物を渡すとき)はい，どうぞ，①(挿入的に)いいかい」
> (2) **Here it is.** 「⑦(相手に物を渡すとき)はい，どうぞ，①(探していたものを見つけて)ここにあるよ」
> (3) **Here we are.** 「⑦さあ，着いたぞ，①(探していたものを見つけて)ここにあるよ」

468　②　　　　　　　　　　　　　　　　　　　　　　　　　〈So do I. 「私もです」〉

A : I like tea with milk and sugar.
B : **So do I**, but I don't like coffee with milk and sugar.
(**A**「私はミルクと砂糖が入った紅茶が好きです」　**B**「私もです。でもミルクと砂糖の入ったコーヒーは好きではありません」)

➡ 前文の肯定内容を受けて② So do I「私もです」を入れる。この表現は問題 271 でテーマ化している。問題 272 も参照。

469　③　　　　　　　　　　　　　　　　　〈Neither have you. 「あなたもそうではない」〉

A : David Miller ?
B : Nancy Dodd !　Hey, you haven't changed a bit !
A : **Neither have you !**
B : Oh, come on now, I used to have more hair, didn't I ?
A : Well, now that you mention it ...
(**A**「ディビッド・ミラーじゃないの」　B「ナンシー・ドッドじゃないか。ちっとも変わってないね」　**A**「あなたも変わってないじゃない」　**B**「よせよ，昔はもっと髪があっただろ…」　**A**「ああ，そう言えば…」)

➡ 前文の否定内容を受けて③ Neither have you !を入れる。問題 272 参照。

470　③　　　　　　　　　　　　　　　　　　　〈Either will do. 「どちらでもいいです」〉

A : We've been working hard so long.　Why don't we take a break and have something to drink ?
B : Good idea.
A : Would you like coffee or tea ?

B：**Either will do.**

(**A**「ずっと長い間働きづめだね。休憩をとって何か飲まないかい」　**B**「いいねえ」
A「コーヒーと紅茶のどちらがいいかい」　**B**「どちらでもいいよ」)

➡ 文脈から ③ **Either will do.**「どちらでもいいです」を入れる。**either** は肯定文
では「㋐どちらでも，㋑どちらか一方」の意味になるが本表現は㋐の意味。またこ
の **do** は自動詞で「十分である／間に合う」の意味を表し，動詞の語法としても重
要なもの。

➡ ②Neither.　I'd like some cake.「どちらもいやだ。ケーキが欲しい」は，最初
の B の発言で飲み物をとることに同意しているのだから，そこと矛盾する。④Yes,
I'd like both.「はい。どちらも欲しい」は，Yes で答えているところがおかしい。
「A か B かどちらか」という選択疑問文は，Yes / No では答えないからである。

471　③　　　　　　　　　　〈**Are these seats taken?**「これらの席は誰かいますか」〉

(On a train)

A：Excuse me, **are these seats taken?**

B：Yes, they are.　But those seats are free.

(列車で。**A**「すみませんけど，これらの席は誰かいますか」　**B**「ええ，います。で
も向こうの席は空いていますよ」)

➡ ①，②，③はいずれも空席かどうかを尋ねる表現だが，問い方が違う。① **are these
seats vacant?**，② **are these seats free?** は「空いていますか」と尋ねるのに
対し，③ **are these seats taken?** は「ふさがっていますか」と尋ねるものである。
B の発言は「はい，そうです。でも向こうの席は空いています」という内容だから，
③の問い方が正答になる。

472　③　　　　　　　　　　　　　〈**You don't say!**「まさか／まあ驚いた」〉

A：Do you remember me?　I think I met you once when you were
　　traveling in New Zealand.

B：**You don't say!**　That must have been five years ago.

(**A**「私のことを覚えていますか。あなたがニュージーランドを旅行しているとき一度
お目にかかったと思うのですが」　**B**「まあ驚いた。きっと 5 年前のことですよ」)

➡ ③ **You don't say (so)!** は「まさか／まあ驚いた／本当かね」といった驚きを表
す表現。

➡ ②の (**I'm**) **Pleased to meet you.** は，問題 465 で述べた (**It's**) **Nice to meet
you.** の同意表現。「はじめまして」という意味で初対面のあいさつで使われる。こ
れも押さえておこう。

473　①　　　　　　　　　　〈**Could you give me a ride?**「車に乗せてくれませんか」〉

A：Are you going to the movie tonight?

B：Yes.

A：**Could you give me a ride?**

B：Sure.　Shall I pick you up at 7 : 30?

(**A**「今夜，映画に行きますか」　**B**「ええ」　**A**「車に乗せてくれませんか」　**B**「い
いですよ。7 時 30 分に迎えに行きましょうか」)

➡ 文脈から① Could you give me a ride?「車に乗せてくれませんか」を入れる。
give A a ride「A を車に乗せる」は押さえておこう。他の選択肢は文脈に合わな
い。

474 ①
〈**Not really.** 「まさか」〉

A : That university must be pretty hard to get into.

B : **Not really.** You can get in with just average grades.

（**A**「あの大学は入学するのがかなり難しいに違いない」 **B**「まさか。並の成績で入れるよ」）

➡ 選択肢の意味は次のとおり。① **Not really.**「まさか」, ② **No wonder.**「なるほど／道理で」, ③ **Exactly.**「そのとおり」, ④ **You bet.**「確かに」。文脈に合うのは①しかない。

475 ④
〈**Thanks just the same.** 「（とにかく）ありがとう」〉

A : Excuse me, but does the next "Hikari" stop at this station ?

B : I'm a stranger here myself. I'm afraid I don't know.

A : I see. **Thanks just the same.**

B : I'm sorry I couldn't help you.

（**A**「すみませんが，次の「ひかり」はこの駅に止まりますか」 **B**「私はこの辺は初めてなんです。残念ですがわかりません」 **A**「そうですか。ありがとう」 **B**「お役に立てなくてすいません」）

➡ 自分の要請に相手が応えられなかったときに，お礼を言う表現として **Thanks just the same.／Thanks anyway.／Thank you just the same.／Thank you anyway.**「（とにかく）ありがとう」を押さえる。

➡ ① **Take it easy.** は「気楽にやれよ／くよくよするなよ／（無理しない程度に）がんばれよ」といった意味で用いられる表現。アメリカでは別れのあいさつとして「それじゃまた」といった意味でも用いられる。

➡ ② **You're welcome.**「どういたしまして／よくいらっしゃいました」は問題 456 参照。③ **That's too bad.**「それはいけませんね／お気の毒に」は問題 451 参照。

弱点発見シート

解説編では，各問題の「文法テーマ」が明らかにされている。次ページにある『弱点発見シート』には，この「文法テーマ」ごとに各問題番号を振り分けてある。

問題を解いた後で，自分が間違えた問題番号にラインマーカーなどを使って色を付ければ，自分の弱点ポイントが浮き上がってくる。

間違えた問題が集中している文法項目があるだろうか。もしあれば，その文法項目の知識があいまいになっていると考えられる。

間違えた問題をもう一度学習し直すとともに，弱点として判定された文法項目に関しては，各自が使用してきた文法参考書や文法項目別の問題集などを今一度開いてチェックし直すことで，確実に弱点を補強して欲しい。

【注意】

大半の問題は，「文法テーマ」が１つのものであるが，２つないしは３つの「文法テーマ」が設定されているものがある。それらの問題に不正解だった場合には，２箇所または３箇所の番号をチェックする必要がある。以下のような番号表記のものは，それぞれ該当個所にチェックをすること。

２箇所に番号があるもの　046
３箇所に番号があるもの　139

	Step 1			
	Part 1（第1回）	Part 2（第2回）	Part 3（第3回）	Part 1（第4回）
時制	012, 013, 014, 015, 043			(158), 163, 164, 165, 166, 197, (198)
態	(009), 016, (026), 039			(198)
助動詞	017, 018, 019, (046)			167, 188, 196
仮定法	020, 040			168, 169, 170, 171, 172
不定詞	021, 022, (023), 024, 044, (045), 047, 050			173, (192), 193, 194
動名詞		(083)		(162), 174, 175, 191
分詞	025			176, 177, 178, 179, 190, (192)
動詞の語法	001, 002, 003, 004, 005, 006, 007, 008, (009), 010, 011, (023), 035, 036, 037, 038, 041, 042, 048, (049)		(139) (148)	151, 152, 153, 154, 155, 156, 157, (158), 159, 160, 161, 186, 187, 189, 199, 200
動詞を含むイディオム	027, 028, 029, 030, 031, 032, 033, 034, (045), (049)	(100)	(150)	(162), 180, 181, 182, 183, 184, 185, 195
形容詞の語法		(051), 052, (053), 054, 055, 056, 072, 087, 088, 089, 090		
副詞の語法		057, 058		
比較		059, 060, 061, 062, 079, 085, 086, 092, 093, 094, 095		
形容詞・副詞を含むイディオム		063, 064, 082, (091), (098)		
名詞の語法		(051), 053, 065, 066, 067, 099	(139)	
代名詞の語法		068, 069, 070, (071), 084, 096, 097, (098), (100)		
名詞を含むイディオム		073, 074, 075, 076, 077, 078, 080, 081, (083)	(140), (146)	
関係詞			109, 110, 111, 112, 127, (138), 145, (146), 149	
接続詞			113, 114, 115, 116, 117, 118, (131), 132, 133, (138), (149), (150)	
前置詞と群前置詞			101, 102, 103, 104, 105, 106, 107, 119, 120, 121, 122, 128, 129, (137), 141, 142, (147)	
主語と動詞の一致	(026)		108, 135	
疑問文と語順	(046)	(091)	124, 125, (131), 134, (147), (148)	
否定・省略・強調			123, 126, 130, 136, 143, 144	
共通語補充			(137), (138), (139), (140)	

Step 2		Step 3			合計
Part 2 (第5回)	Part 3 (第6回)	Part 1 (第7回)	Part 2 (第8回)	Part 3 (第9回)	
		312, (317), 334, 347			/16
		(305), 335			/7
		301, 313, 314, 315, 316, (317), 336			/14
		318, 319, 320, 348			/11
	(293), (296), (297)	321, 322, 323, (349)		(439)	/20
		(324), 337, 339, 341, (350)			/10
		325, 326, (350)			/10
	(280), (291)	302, 303, 304, (305), 306, 307, 308, 309, 310, 311, (324), 333, 338, 340, 342, 343, 344, 345, 346	(364)	(436), (437), (438), (444)	/64
(248)	(297)	327, 328, 329, 330, 331, 332		(449)	/29
201, 202, 203, 204, 205, 206, 207, 208, 225, 236, 239			352, 353, 354, 355, 356, 357, 358, 377, 382, 386, 387, (388), 391	(445)	/36
209, 210, 211, 242			351, 359, 378	(438)	/10
(212), 213, 214, 215, 216, 230, 231, 232, 233, (244), 245			360, 361, 362, 379, 384, (388), 390, 392, (393)	(440)	/32
217, 218, 219, 246, (247)	(295)		363, (364), 365, (394), 395, 396		/17
220, 221, 222, 235, 241, (247), (248), (249)			366, 367, (393)		/18
223, 224, 226, 227, 228, 237, 238, 240, (243)		(349)	368, 369, 370, 371, 372, 373, 380, 381, 383, 385, 389, 397, 398, 399		/33
229, 234, (249), 250			374, 375, 376, 400	(439)	/20
	260, 261, 262, 263, 264, 290, (295), (296), (297) 299		(394)	409, 410, 411, 412, 413, 414, 415, 421, 428, 430, 431, 432, 433, 441, 443, 446, 447, (448), (449)	/39
(243)	265, 266, 267, (279), 282, 287, 288, (291), (292), (293)			416, 417, 418, 419, 422, 427, 434, (444)	/31
	251, 252, 253, 254, 255, 256, (257), 258, 259, 277, (279), 283, 285, 289, 294			401, 402, 403, 404, 405, 406, (424), 425, 429, 442, (448)	/43
	286				/4
(212), (244)	268, 269, 270, 271, 272, 273, 278, (292), 298, 300			407, 420, 423, 435, (444), 450	/26
	274, 275, 276, (280), 281, 284, (293)			408, 426, (445)	/16
				(436), (437), (438), (439), (440)	/9

索引

編著者

瓜生　豊（うりゅう　ゆたか）

1956年生まれ。同志社大学文学部英文科卒業。
現在，河合塾講師。
著書に「全解説頻出英文法・語法問題 1000」，
「全解説頻出英熟語問題 1000」，「全解説頻出
英語整序問題 850」，「全解説入試頻出英語標
準問題 1100」「NextStage 英文法・語法問題」
（桐原書店），「英単語 2001」（共著）（河合出
版）がある。

篠田　重晃（しのだ　しげあき）

1955年生まれ。東京大学文学部語学・文学類
卒業。河合塾など予備校講師を経て著述業に
専念。2013年1月逝去。
著書に「全解説頻出英文法・語法問題 1000」，
「全解説頻出英熟語問題 1000」，「全解説頻出
英語整序問題 850」，「全解説入試頻出英語標
準問題 1100」「NextStage 英文法・語法問題」
（桐原書店），「英文読解の透視図」（共著）（研
究社出版），「英単語 2001」（共著）（河合出版）
がある。

●英文校閲　Suzanne Schmitt Hayasaki
　　　　　　Karl Matsumoto

●大学受験スーパーゼミ

全解説 実力判定 英文法ファイナル問題集 標準編

1998年 9 月30日　初版第 1 刷発行
2023年 8 月10日　初版第75刷発行
2024年 8 月10日　初版新版第 3 刷発行

編著者　　瓜生　豊・篠田　重晃
発行者　　門間　正哉
印刷・製本　TOPPANクロレ株式会社

発行所　　株式会社 桐原書店
　　　　　〒114-0001 東京都北区東十条3-10-36
　　　　　TEL　03-5302-7010（販売）
　　　　　www.kirihara.co.jp

▶装丁／（株）アレックス
▶造本には十分注意しておりますが，乱丁・落丁本はお取り替えいたします。
▶著作権法上の例外を除き，本書の内容を無断で複写・複製することを禁じます。
▶本書の無断での電子データ化も認められておりません。

ISBN978-4-342-77012-8
Printed in Japan

大学受験スーパーゼミ

全解説 頻出英文法・語法問題1000
［増補改訂版］

●1993年の刊行以来，難関校向け文法・語法参考書としての地位を確立した本書の増補改訂版。

●近年の大学入試の実状に合わせ，「語法」問題をさらに強化した。

●客観4択問題で体系的かつ実践的な文法・語法力を身につけ，さらに難関校での出題が増加している「正誤指摘問題」と受験生の苦手意識が強い「整序問題」で仕上げていく。

瓜生　豊・篠田重晃 編著
A5判 問題編144頁／解答・解説編368頁

基本　標準　共通テ　2次

大学受験スーパーゼミ

全解説 頻出英熟語問題1000

●入試データを分析し，出題頻度・重要度別に5段階に分類・配列。

●一語動詞との置き換え，同意・反意表現も重点整理してあるので，イディオム問題の対策は万全。

●覚えやすい「問題集＋熟語集」による効率的な学習が可能。

瓜生　豊・篠田重晃 編著
A5判 問題編112頁／解答・解説編 176頁

基本　標準　共通テ　2次

瓜生・篠田の全解説シリーズ

大学受験スーパーゼミ
全解説 頻出英語整序問題850

●大学入試の出題形式としてますます増加傾向にある整序問題から標準的な問題を厳選し，文法項目別・問題形式別に配列。

● 整序問題特有の誤りやすいポイントを文法・語法・語彙の面から懇切丁寧に解説。

瓜生　豊・篠田重晃 編著
A5判 問題編112頁／解答・解説編 224頁

基本　標準　共通テ　2次

大学受験スーパーゼミ
全解説 入試頻出 英語標準問題1100

●入試英語の三本柱，文法・語法・イディオムの頻出問題を精選し，学びやすく配列。

●解答・解説編では，基礎から入試レベルまで，重要ポイントを体系的に徹底解説。

●客観4択，語句整序を中心にあらゆる問題形式に対応。

瓜生　豊・篠田重晃 編著
A5判 問題編128頁／解答・解説編 280頁

基本　標準　共通テ　2次